VIE ÉDIFIANTE

DE LA TRÈS HONORÉE SUPÉRIEURE

MARIE-MADELEINE

NÉE

JULIE POSTEL

FONDATRICE DES SŒURS
DES ÉCOLES CHRÉTIENNES DE LA MISÉRICORDE

MORTE EN 1582

M. l'Abbé DELAMARE

Vicaire-Général de Coutances,
Depuis Évêque de Luçon et Archevêque d'Auch.

COUTANCES

IMPRIMERIE LE SALETTES, LIBRAIRE-ÉDITEUR

VIE ÉDIFIANTE

DE LA TRÈS HONORÉE SUPÉRIEURE

MARIE - MADELEINE.

VIE ÉDIFIANTE

DE LA TRÈS HONORÉE SUPÉRIEURE

MARIE-MADELEINE

NÉE

JULIE POSTEL

FONDATRICE DES SŒURS

DES ÉCOLES CHRÉTIENNES DE LA MISÉRICORDE

PUBLIÉE EN 1852

Par M. l'Abbé DELAMARE

Vicaire-Général de Coutances,

Depuis Evêque de Luçon et Archevêque d'Auch.

COUTANCES

IMPRIMERIE DE SALETTES, LIBRAIRE-ÉDITEUR

DEUXIÈME ÉDITION

PUBLIÉE AVEC QUELQUES NOTES

en 1890

Par les soins de la Communauté.

SŒUR MARIE MADELEINE

Fondatrice et Première Supérieure Générale de l'Institut
des Sœurs des Ecoles Chrétiennes de la Miséricorde,
Morte en odeur de Sainteté,
le 16 Juillet 1846. à l'Abbaye de St Sauveur-le-Vicomte.

AUX CHÈRES SŒURS

DES

ÉCOLES CHRÉTIENNES DE LA MISÉRICORDE

— « » —

Vous nous demandez depuis longtemps et avec instance, Très Chères Filles en Notre Seigneur, de vous mettre entre les mains la vie édifiante de celle qui a été choisie par la Providence pour former votre pieux et utile Institut. Nous ne pouvons résister à des vœux si légitimes. Les anciennes parmi vous seront heureuses de ne pas oublier ce qu'elles ont vu et ce qu'elles ont déjà transmis de vive voix aux nouvelles Religieuses; toutes vous vous ferez un devoir d'en garder précieusement la mémoire dans votre humble Congrégation. C'est le moyen de conserver l'esprit de la Mère, tant qu'il plaira au Seigneur de bénir et de perpétuer sa famille spirituelle. Cet esprit, le voici en quelques mots. Convaincue que la plupart des anciennes Communautés de France avaient pu attirer sur elles les grands malheurs dont elles ont été victimes, parce que la générosité des siècles successifs y avait insensiblement altéré la pratique de la pauvreté et de la simplicité évangéliques, la vénérable Julie Postel s'est sentie surnaturellement pressée du désir de former une société religieuse toute nouvelle, dans laquelle on s'efforçât de faire revivre les vertus des premiers temps de l'Eglise. Faire le plus de bien possible en se cachant le plus possible ; aimer Dieu sans mesure et le faire aimer de tout son pouvoir ; n'avoir jamais en vue que de lui plaire ; sacrifier tout pour rendre les autres heureux ; contribuer à réformer la société par sa base en se vouant à l'éducation chrétienne de la jeunesse ; mépriser souverainement les richesses et les vanités du monde ; vivre de son travail et travailler même la nuit pour n'être à charge à personne ; voilà les principales maximes de votre Supérieure, voilà le mobile de toutes ses actions, dont vous allez lire l'ensemble. Tout en elle était foi et charité.

Vous rencontrerez dans la vie de votre vénérée Fondatrice quelques faits merveilleux : nous relatons ceux que son incomparable humilité n'a pu entièrement dérober à notre connaissance et ceux qui ont été obtenus par son intercession depuis qu'elle a reçu la récompense de ses travaux ; nous ne sommes que narrateur fidèle et nullement juge de ces faits extraordinaires. Vous n'en serez du reste nullement surprises ; déjà on vous les a racontés, si vous n'en avez pas été l'objet ou les témoins. Sa sainteté était sans doute assez grande pour que le Seigneur daignât lui accorder de telles faveurs.

Et d'ailleurs l'Église, dont la divine hiérarchie est impérissable, reconnaît et consacre les Congrégations religieuses plutôt qu'elle ne les crée elle-même. Le Seigneur suscite les patriarches de ces saintes familles selon les desseins de sa miséricordieuse bonté et les besoins des temps ; il inspire et dirige les Fondateurs et Fondatrices d'Ordres. Les Supérieurs ecclésiastiques interviennent pour reconnaître leur mission et bénir leur œuvre ; mais il est comme nécessaire qu'ils soient éclairés par quelques-uns de ces signes plus ou moins extraordinaires qui rendent visible la main de la Providence.

VIII

Il n'est donc nullement étonnant de trouver
du merveilleux dans la fondation des Instituts qui ont été appelés à rendre à la religion
d'importants services.

Trois savants et pieux Evêques (1), qui se
sont succédé dans le Diocèse où votre Congrégation a pris naissance, vous ont approuvées, Nos Très Chères Filles, comme représentants de l'Eglise envers vous ; plusieurs
autres Prélats vous ont appelées à vous
rendre utiles à leur troupeau et vous prodi-
guent chaque jour de nouvelles preuves de
leur confiance particulière ; vous avez obtenu
la bienveillance et les encouragements de
deux illustres Archevêques de Paris (2) ; le
souverain Pontife lui-même vous a déjà im-
plicitement reconnues, puisque, sur l'exposé
que votre Fondatrice vous avait solennellement donné les constitutions du vénérable
de la Salle (3), approuvées par le Saint Siège,
Sa Sainteté vous a rendues participantes de
toutes les indulgences accordées aux dignes
Fils de ce pieux Fondateur.

(1) NN. SS. Rousseau, Dupont et Robiou.
(2) NN. SS. Affre et Sibour.
(3) Béatifié le 19 février 1888.

Mais si Dieu a voulu votre Institut formé à l'image de votre Mère, si la pensée qu'elle s'efforçait d'incarner et de perpétuer en vous vient du ciel, si l'inspiration de l'Esprit-Saint vous a conduites vous-mêmes vers la chère Abbaye de Saint-Sauveur, vous devez évidemment vous appliquer avec ardeur à reproduire fidèlement l'esprit et les vertus de votre vénérée Institutrice. Lisez donc et méditez attentivement le vrai portrait que nous allons en tracer avec toute la simplicité que réclame le caractère de l'humble Sœur Marie-Madeleine.

« Que seraient d'ailleurs, dit quelque part
» un illustre admirateur de votre Mère, les
» paroles les plus graves et les plus élo-
» quentes, auprès de ces traits qui surpas-
» sent l'esprit et saisissent le cœur ? Le bien,
» le véritable bien est plus cher aux hommes
» qu'ils ne le pensent eux-mêmes. Racon-
» tez-le, exposez-le tel qu'il est, sans orne-
» ment, surtout sans le mettre en contact
» avec l'esprit, tel qu'il sort du cœur, et vous
» verrez les plus secs s'attendrir, les plus
» durs s'émouvoir, et s'accomplir sous vos
» yeux cette belle loi de la Providence qui a

» doué d'une sympathie inévitable tout ce
» qui est bon à imiter. »

Nous exhortons nos bien-aimés Fils, les
Frères des Ecoles Chrétiennes de la Miséricorde, établis dans l'abbaye de Montebourg,
à lire attentivement ce petit ouvrage qui a
été également écrit pour leur utilité et leur
édification. Ils n'ont pas seulement avec
leurs chères Sœurs la ressemblance de nom,
la conformité de règle, l'union intime de
prières et de bonnes œuvres ; mais ils sont
une expression fidèle de la pensée fonda-
mentale de la vénérée Sœur Marie-Madeleine : ils ont été appelés comme elle à
former une Congrégation dont le but domi-
nant est aussi de reproduire la foi vive, la
charité ardente, l'abnégation et le dévouement de la primitive Eglise. Comme la très
honorée Supérieure, ils veulent être les
derniers dans la maison de Dieu ; comme
elle, ils se vouent à l'instruction chrétienne
de la jeunesse, spécialement en faveur des
pauvres, dans les paroisses où il n'y a pas
d'autres Religieux chargés de cette importante mission. C'est cette parfaite conformité
de pensées et de vocation qui avait inspiré

à la très honorée Sœur Marie-Madeleine tant d'estime pour le pieux Directeur de l'œuvre des Frères (1) et pour le cher Frère Benoît, leur digne Supérieur : elle les soutenait par ses prières, qu'elle leur a promis de continuer pour leur œuvre dans le ciel ; elle les encourageait et leur communiquait sa vie toute surnaturelle par ses paroles douces et ardentes à la fois. C'est cette identité de vues qui a rendu les Frères de Montebourg si chers au Supérieur ecclésiastique, Père des deux Maisons (2); c'est pour cela qu'il les a adoptés avec tant de bonheur comme ses propres et bien-aimés enfants, dont il fait l'objet continuel de sa plus tendre sollicitude.

Ils verront, en lisant cette vie édifiante, avec une vive gratitude envers la Providence qui leur a donné tant de preuves visibles de sa protection, que, malgré les grandes tribulations dont le ciel les a trouvés dignes, ils ont, en personnel et en établissements à desservir, après dix années d'existence (3), précisément le double de ce que possédaient

(1) M. l'abbé Mabire.
(2) L'auteur était Supérieur des Sœurs de l'Abbaye de Saint-Sauveur-le-Vicomte et des Frères de l'Abbaye de Montebourg.
(3) L'Institut des Frères de Montebourg a été fondé en 1842.

XII

leurs Sœurs de la Miséricorde, après soixante
ans des plus rudes travaux de Julie Postel
et trente années de vie de communauté.

Qu'ils se pénètrent de plus en plus de l'esprit évangélique de la Mère, béni en eux par
notre docte et zélé Prélat, et que, comme
elle, ils se bornent à étudier patiemment et
à seconder avec ardeur et générosité l'action de la Providence dans l'œuvre qu'elle
daigne opérer par leurs mains ; se gardant
bien de jamais lui substituer une sagesse
purement humaine. Qu'ils n'oublient pas un
instant que l'unique trésor du Religieux est
dans le ciel ; que là doivent être son esprit
et son cœur ; que, pour conserver et augmenter ces richesses impérissables, seules
dignes de fixer les regards et l'ambition du
chrétien, il faut qu'à l'exemple de la Sœur
Marie-Madeleine, ils ne respirent ici-bas
que foi et charité, et par conséquent, dévouement, sacrifice, détachement, humilité,
obéissance et travail.

DELAMARE, Vic.-Gén.

VIE ÉDIFIANTE

DE LA

TRÈS HONORÉE SUPÉRIEURE MARIE-MADELEINE

NÉE

JULIE POSTEL

I.

JULIE POSTEL A BARFLEUR.

Julie Postel, en Religion Sœur Marie-Madeleine, Fondatrice et Supérieure Générale des Sœurs des Ecoles chrétiennes de la Miséricorde, naquit à Barfleur, petit port de mer du diocèse de Coutances, province ecclésiastique de Rouen, le 28 novembre 1756, de Jean Postel et de Thérèse Levalois. Les vertus étaient comme héréditaires dans cette honorable famille ; un frère de Julie fut promu au sacerdoce.

Pour elle, dès sa première enfance, elle montra un goût prononcé et une vive ardeur pour tous les exercices de la piété, comme pour les pratiques de la mortification. Son Pasteur fit devant elle une instruction sur l'obligation et l'excellence du jeûne et sur la manière dont le pratiquaient les premiers Chrétiens, qui ne faisaient qu'un repas par jour. Il parla avec éloge des Communautés, où la collation introduite par l'indulgence de l'Eglise ne consistait qu'en deux onces de pain avec de l'eau pour boisson. Quoiqu'elle n'eût que neuf ans, il lui vint dans la pensée de jeûner au moins comme dans ces Communautés austères, vers lesquelles elle se sentait déjà secrètement attirée. Elle le fit, à l'insu de ses parents : elle composa de petites balances afin de peser sa collation. Elle convenait qu'elle fut surprise le premier jour de la petitesse d'un morceau de pain de deux onces. Son Directeur fut obligé d'intervenir pour supprimer ces mortifications beaucoup trop précoces. Néanmoins elle devança de plusieurs années l'âge de 21 ans.

et depuis sa jeunesse elle n'a cessé de jeûner, comme les premiers Chrétiens, ne faisant qu'un seul repas en 24 heures, et quel repas ! Après le potage le plus simple, elle ne prenait ordinairement que du pain sec et de l'eau.

Un autre trait de son enfance vint révéler cette vivacité de foi qui sembla toujours l'élever au-dessus d'une simple mortelle. Au moment d'un de ces épouvantables orages qui glacent d'effroi les plus intrépides, la petite Julie se livrait à la joie. Ses parents étonnés lui en demandèrent la raison. Que je suis heureuse ! répondit-elle : en ce moment du moins mon Dieu n'est pas offensé ; les plus grands impies n'osent blasphémer son saint nom ; ils l'invoquent plutôt avec respect ; ah ! je voudrais qu'il tonnât toujours !

Julie fut envoyée à l'abbaye royale des Bénédictines de Valognes, pour y terminer son éducation. On croyait à Barfleur qu'elle s'attacherait à cette belle et pieuse Communauté. Mais tandis que ses parents sem-

blaient disposés à y mettre obstacle, à cause
de sa santé qui était et demeura longtemps
délicate, pour elle la règle n'était pas encore
assez sévère et elle trouvait l'abbaye trop
riche. J'aimerais, disait-elle, des Religieuses
qui n'auraient d'autres rentes que leurs
doigts et qu'une pauvreté réelle contraignît
au travail ! Elle n'en renouvela pas moins
dans son cœur le vœu, qu'elle avait déjà
fait, de se consacrer pour toujours au service de Dieu et du prochain : en attendant
qu'il plût à la Providence de lui dévoiler ses
desseins ultérieurs.

De retour dans la maison paternelle, Julie
Postel ouvrit, à l'âge de 18 ans, une école
avec internat, surtout en faveur des orphelines et des pauvres. Elle ne voulut donner
aucun éclat à son entreprise toute de
charité. Elle se proposa plutôt une sorte
d'ouvroir que de ces pensionnats brillants,
dont les avantages lui semblaient au moins
contestables.

Bientôt on vit se grouper autour d'elle une
nombreuse jeunesse. Sa capacité remarquable, son zèle d'une ardeur soutenue, sa
douceur angélique, sa fermeté qui répudia
constamment toute peine afflictive, son rare

discernement des caractères et surtout son amour vraiment maternel pour l'enfance, firent chérir la maîtresse et déterminèrent des progrès étonnants. Vous devriez, lui disaient ses élèves, demander au bon Dieu de doubler la longueur des jours, tant nous les trouvons courts avec vous ! L'instruction religieuse et les ouvrages utiles étaient le principal objet de sa sollicitude. Les jeunes personnes, pauvres et riches, devenaient, sous son habile direction, adroites, actives et infatigables. Sans blâmer les âmes contemplatives, elle se sentait appelée à unir, comme la Mère du Sauveur, les vertus de Marthe à celles de Marie. Elle ne cessait de s'élever contre certaines personnes engagées dans le monde, qui cachent leur paresse sous le voile de la piété et qui font blasphémer leurs époux parce qu'elles laissent tout en désordre dans leur ménage pour se livrer à de longues et capricieuses dévotions. Elle voulait que l'épouse fût, par l'utilité, la constance et la variété de ses travaux, l'exemple, la richesse et l'agrément de sa maison.

Elle voulait que les doigts louassent Dieu à leur manière, aussi bien que la langue : que l'occupation continuelle devînt une prière incessante, par l'esprit de sacrifice et d'union avec Dieu, par de courtes, mais chaleureuses oraisons jaculatoires. Elle inspirait cette vie de la foi aux ateliers de jeunes personnes qu'elle présidait. La suave gaieté, l'immuable uniformité de son caractère, l'inépuisable variété de ses mots édifiants, de pieux cantiques, et aussi des couplets qu'elle savait improviser dans l'occasion, communiquaient ses sentiments et son énergique courage à son cher troupeau. Croirait-on qu'elle savait hâter l'accomplissement de la tâche du moment, en donnant comme récompense à l'élève qui aurait fini la première de s'écrier par exemple : Vive Jésus dans nos cœurs ! On répondait : A jamais. Que de bonnes mères de familles lui ont dû, après Dieu, leur capacité, leur amour pour le travail, leurs vertus et le respect public dont elles ont été entourées ! Qui a contribué autant que Julie Postel à perpétuer, dans le religieux et fertile pays du Val de Saire, ce beau type de familles vraiment patriarcales qu'on y admire encore ? Aussi, quoiqu'elle ait quitté cette contrée depuis un demi-siècle (1), son

(1) C'est-à-dire, en 1802.

souvenir et sa réputation de sainteté y sont-
ils demeurés ineffaçables. Celles de ses
élèves des anciens temps qui vivent encore
à Barfleur, proclament « qu'elle fut toujours
» une véritable sainte ; que c'était le titre
» que chacun lui donnait en la voyant pas-
» ser ; que le ton avec lequel elle parlait de
» Dieu, l'accent de sa voix dans le chant des
» cantiques, surtout le jour de la première
» communion, avaient quelque chose de
» céleste et de pénétrant ; qu'il leur en est
» demeuré un précieux et inaltérable sou-
» venir. Elle ne tenait pas à la terre, disent-
» elles, elle vivait plutôt déjà dans le ciel ! »

Nous ne finirions pas, si nous entrepre-
nions de donner les autres détails intéres-
sants de sa vie, pendant les années qui ont
précédé la révolution de 1793. Arrivons à
cette époque terrible dont les événements
néfastes, surtout la dispersion et l'immola-
tion du clergé fidèle, l'eussent fait mourir de
douleur, si déjà la vue claire et constante de
l'action de la Providence en tout n'eût do-
miné sa sensibilité exquise et ne l'eût rendue
supérieure aux événements les plus douloureux de ce monde.

Les prêtres orthodoxes partent pour la terre d'exil. Il faut que M. Lamache, mort, depuis la révolution, curé de la Pernelle, lui accorde une faveur : c'est de bénir son petit oratoire, d'y célébrer la messe et d'y laisser le Saint Sacrement. Ah! s'écriait-elle, laissez le Sauveur dans notre frêle barque ; il nous soutiendra contre les fureurs de la tempête et il nous préservera du naufrage! Je serai sa fidèle compagne ; je ferai amende honorable le jour et la nuit pour tant d'horribles profanations qui s'accumulent dans ces malheureux temps. Je saurai, au péril de ma vie, trouver des ministres fidèles pour offrir la victime d'expiation et renouveler les saintes espèces !

Ce bon prêtre a tant de vénération pour la sainteté de Julie Postel, que, tirant tout pouvoir des circonstances, il commence à l'instant même la cérémonie. A quel Saint ou à quelle Sainte dédions-nous la chapelle? A la Reine des Anges et des Saints, répond-elle, à l'auguste Marie, sous le doux nom, que lui donne l'Eglise, de Mère de Miséricorde.

Hâtons-nous de dire que jamais le Saint Sacrement n'a cessé d'être conservé dans cet humble Sanctuaire, pendant les longues années de la Terreur et de la persécution ; que le Saint Sacrifice y était fréquemment offert. Oh ! disait-elle jusque dans son extrême vieillesse, les belles messes de minuit qu'on célébrait alors ! on eût dit une mémoire continuelle de la crèche du Sauveur ! Que notre ferveur était grande ! Comme les premiers chrétiens, nous étions constamment sous la hache du bourreau, et comme eux nous puisions un invincible courage dans la fréquente réception de la Sainte Eucharistie

Souvent on prenait à sa chapelle le Saint Sacrement pour le porter aux malades. Plus d'une fois le prêtre caché qui s'était glissé en plein jour au chevet d'un mourant, pour le consoler et l'administrer, envoya Julie chercher le Saint Viatique, ne pouvant le faire lui-même sans péril imminent pour sa vie. Elle comparait son bonheur à celui de l'auguste Marie portant le Sauveur dans ses bras.

Les premières communions se faisaient

régulièrement, soit dans une maison pieuse
de la Pernelle, soit dans la petite chapelle
de l'école de Barfleur. Chose étrange, ou
plutôt providentielle, jamais on n'a eu à
déplorer ni trouble ni profanation. Dans
deux visites domiciliaires faites chez notre
Supérieure, on fureta partout, excepté dans
l'Oratoire. J'étais sûre que les investigateurs
n'y entreraient pas, répétait-elle souvent ; je
tournais le dos à la porte du Sanctuaire, et
pendant que je faisais politesse aux agents
du pouvoir, je disais intérieurement à Notre
Seigneur : Gardez votre tabernacle ; ah ! de
grâce, ne permettez pas qu'il soit profané !
Ou, du moins, qu'il ne le soit qu'après que
j'aurai versé jusqu'à la dernière goutte de
mon sang ! Et ces hommes passaient devant
cette porte comme si elle eût été invisible
pour eux. Que ne pouvaient pas obtenir
cette foi vive qui eût transporté les monta-
gnes, et cette ardente charité qui était, pendant toute la persécution, une sorte de
ravissement continuel !

Ce fut surtout alors qu'on vit se perfec-
tionner en Julie Postel cet inexprimable
amour, qu'elle n'a cessé de ressentir pour

Jésus caché sous les voiles eucharistiques :
ce n'étaient pas seulement tous les moments
disponibles de la journée qu'elle consacrait
à s'entretenir cœur à cœur avec son divin
Epoux; moments assez rares, à cause de son
redoublement de zèle pour l'éducation chrétienne de la jeunesse : elle y passait régulièrement la moitié des nuits; elle prolongeait
même jusqu'au matin son oraison pendant
la nuit du jeudi au vendredi, en mémoire des
douleurs de la Sainte Vierge et de la passion
du Sauveur. Elle était forcée, ou plutôt elle
trouvait tout naturel de convenir qu'au milieu
de toutes ses occupations du jour, la pensée
de son divin Hôte et la chaleur de sa charité
pour lui ne pouvaient l'abandonner un seul
instant. Afin de satisfaire sa ferveur, de se
soustraire aux regards du public et aux exigences des partisans de l'Eglise constitution-
nelle, très ardents dans l'endroit, elle fut
jusqu'à trois ans consécutifs sans quitter sa
modeste habitation et même sans regarder
une seule fois par sa fenêtre : tant étaient
parfaits son recueillement et son esprit inté-
rieur ! Chaque fois qu'elle entendait les mou-
vements ou les cris sauvages des bandes
révolutionnaires, elle se prosternait à la porte

de sa chapelle et demandait au Sauveur la grâce de mourir en défendant son tabernacle, s'il était attaqué.

Un trait qui appartient à cette époque va révéler de plus en plus toute l'énergie et toute l'intrépidité de son beau caractère. Deux militaires, logés chez ses parents, ont en sa présence une querelle, qui détermine à l'instant ce qu'on appelle si malheureusement dans le monde une partie d'honneur. Une âme va tomber en enfer, pense-t-elle, peut-être même deux. Elle parle de Dieu et de l'éternité avec tant d'éloquence qu'elle se saisit sans résistance de l'arme meurtrière de l'un des champions; elle la lance d'un seul jet sur un ciel de lit; elle obtient une satisfaction immédiate en faveur de l'offensé et une réconciliation cordiale entre les deux adversaires. Quel triomphe pour l'héroïque Julie! quelle édification pour Barfleur!

Cependant les temps deviennent plus calmes; les églises vont se rouvrir; les confesseurs de la foi vont revenir de l'exil. Mais en attendant qu'ils aient pu franchir les mers, ceux qui sortent des prisons ou de leurs

humides et ténébreuses *cachettes* s'empres-
sent d'user des premières lueurs de liberté
pour ranimer le culte public. Que d'hommes, c'est le mot, qui n'ont pu faire leur
première communion et qui ignorent même
les premiers éléments de la religion! Les
quelques prêtres de la contrée voudraient
bien donner tous leurs soins à la nombreuse jeunesse affamée de la parole de
Dieu; mais les malades les appellent, les
fidèles et les convertis se confessent en
foule; ils succombent sous le fardeau. Sur
la demande de ces vétérans du sanctuaire,
Julie Postel, qui les avait tant édifiés et
même soutenus par son sublime dévouement pendant la persécution, est tout à coup
transformée en zélé missionnaire; sa réputation de sainteté, les lumières et la vivacité
de sa foi, l'ardeur indicible de sa charité, la
mettent à la hauteur de cette mission
extraordinaire. C'est dans de vastes granges
qu'on célèbre d'abord les divins offices, c'est
là aussi qu'elle remplit avec le plus étonnant
succès ses fonctions de catéchiste, on pourrait dire de véritable prédicateur. Elle sait se
multiplier: partout dans les environs elle reconnaît des jeunes gens, comme des jeunes

filles, qu'elle a instruits en secret, pendant
la Terreur, des vérités de la foi : elle en fait
des sous-maîtres ou moniteurs ; elle dirige
et anime les sections ; la lettre du Caté-
chisme est apprise. Quand elle fait l'expli-
cation générale, tout le monde l'écoute avec
le plus religieux silence ; on voit de grosses
larmes couler des yeux des nombreux
jeunes gens qui recueillent avec avidité ses
pathétiques instructions. Elle attaque surtout devant eux les blasphèmes devenus
alors si fréquents. Elle sut leur inspirer un
tel désir de correction, qu'elle leur fit goûter
la pratique de passer de petites pierres
d'une poche dans l'autre pour compter leurs
rechutes et constater leurs progrès. Que la
bonne et sainte demoiselle va être contente,
disaient-ils entre eux, quand ils avaient
remporté quelque victoire remarquable sur
cette hideuse habitude ! Ce fut dans une
de ces excursions à la Pernelle qu'elle fit la
première rencontre de la jeune Louise Viel,
de Quettehou, qui devait dans la suite devenir, sous le nom de Sœur Marie, sa fidèle
compagne : elle la prépara aussi avec le
plus grand soin à faire sa première communion.

Nous ne pouvons passer sous silence un
fait, sinon miraculeux, du moins bien extraordinaire, qui se rattache à cette partie
de l'existence de notre Supérieure, et qui
mérite d'autant plus d'attention qu'il devient
comme le flambeau qui la dirige à travers
les plus obscures ténèbres et les plus éton-
nantes vicissitudes.

Parmi ses élèves, elle comptait un de ces
petits anges terrestres, qui semblent destinés
à ne faire que passer ici-bas, à cause de la
précocité de leur esprit et de la sublimité de
leurs vertus. La petite fille, qui avait environ
9 ans, dit un jour à sa maîtresse : Mon grand-
père vient de mourir à l'instant de tel genre
de maladie! C'était pour l'enfant une certi-
tude qu'aucune observation ne put ébranler.
En effet, quelques heures s'étaient à peine
écoulées qu'on vint en toute hâte annoncer
la mort subite et imprévue de cet homme : le
moment et le genre de la mort coïncidaient
avec la déclaration de l'enfant.

Julie Postel, qui avait l'esprit trop large et
trop éclairé pour donner dans la crédulité
pas plus que dans le scrupule, ne put s'em-

pêcher néanmoins d'être frappée de ce qui venait de se passer; mais elle en garda le silence.

Peu après, cette même enfant est atteinte d'une maladie mortelle. La maîtresse et le confesseur la jugent respectivement digne de faire sa première communion. Mais, avant de mourir, elle dit à la vénérée Julie, prédisposée par le trait qui précède à recueillir avec respect les paroles qui s'échappent, avec l'accent de l'inspiration, de ses lèvres innocentes et défaillantes : Vous formerez une Communauté à travers de grandes tribulations; vous demeurerez à Tamerville; pendant de longues années, vos Filles seront très peu nombreuses et on n'en fera nul cas; des Prêtres vous conduiront dans une Abbaye; vous ne mourrez que dans un âge fort avancé, et vos Religieuses seront alors les plus nombreuses du Diocèse; dans les dernières années de votre vie, vous vous occuperez constamment de votre église.

Julie se borna à demander à l'enfant si elle connaissait Tamerville, si elle en avait entendu parler. Elle affirma que non, et

les circonstances extérieures corroboraient
cette assertion. La pieuse maîtresse ne put
s'empêcher de voir une manifestation des
desseins du Ciel dans cette prédiction. Nous
verrons si elle se trompa. Pauvre Julie! vous
n'êtes pas près d'arriver même au premier
lieu de repos que semble vous assigner la
Providence : bien des fatigues, bien des tribulations vous attendent auparavant !

II.

DÉPART POUR CHERBOURG

SÉJOUR DE NEUF ANS DANS CETTE VILLE.

Les travaux, les veilles et les austérités de
Julie Postel avaient altéré sa faible santé; des
dissensions religieuses de tout genre, nais-
sant de la réorganisation du culte à Barfleur,
l'affligeaient d'autant plus profondément
que sa discrétion était à toute épreuve et que
Dieu seul était témoin de ses peines. Son
projet est arrêté : elle laisse la moitié de son
modeste mobilier à M. Hébert, son ancien
vicaire et son nouveau pasteur, qu'elle avait

reçu provisoirement chez elle au retour de l'exil. Elle quitte son endroit natal, promet à Dieu, par esprit de sacrifice, de n'y jamais revenir, et s'achemine vers Cherbourg, se proposant d'y rétablir ses forces et d'y attendre les indications de la Providence.

Elle fut dès le lendemain et pendant quelques jours à l'église Sainte-Trinité, pour y entendre la Messe et y faire sa communion quotidienne. Elle demandait à Dieu avec instance de l'incliner vers le confesseur qui devait recevoir des grâces spéciales pour la conduire. Un fort instinct providentiel la dirigea vers la pauvre chapelle de l'hospice : on eût dit qu'une main invisible l'y eût conduite. Elle se jeta aux pieds du chapelain. C'était le vénérable abbé Cabart, membre d'une des plus estimables et des plus anciennes familles du Val de Saire. Il était le père des pauvres. Après avoir vécu à Paris, en qualité de précepteur, dans l'illustre famille de Joigné, avant la persécution, il avait refusé, au retour de l'exil, toute dignité ecclésiastique ; il ne voulait plus vivre que pour secourir les malheureux. Son air grave et austère a inspiré toute

confiance à Julie Postel, et en dehors
de la confession elle lui ouvre son cœur :
instruire la jeunesse ; lui inspirer l'amour
de Dieu et l'amour du travail ; se sacrifier
pour secourir les pauvres et alléger autant
que possible toute infortune ; voilà son but
et celui d'une Congrégation religieuse qu'elle
a depuis longtemps l'inspiration de former.
Où sont vos ressources, dit M. Cabart ? Elles
sont toutes, répond-elle, dans la Providence
secondée par le travail et par la pauvreté
personnelle : voilà mes rentes, en montrant
ses doigts !

Ces paroles et cette énergique confiance
frappèrent M. l'abbé Cabart. Vous êtes, ré-
pliqua-t-il, précisément la personne que je
cherchais depuis longtemps. Tout nous
manque ici : nous n'avons aucune Communauté religieuse et nous sommes privés de
nos anciennes Sœurs de la Providence, qui
faisaient travailler les enfants. Soyez donc la
bienvenue : je vais louer une maison et nous
allons commencer l'œuvre. Sous le patro-
nage, ajouta Julie, de la Mère de Miséricorde.

On met sans hésitation et sans délai le

projet à exécution. L'école se remplit d'élèves,
tout y prend le même esprit, la même activité et le même succès qu'à Barfleur. Julie
Postel se trouve seule à la tête de 300 enfants,
et rien n'est négligé. Elle connaît et elle ap-
plique pour les sections et les monitrices les
excellentes méthodes des Frères de M. de la
Salle; elle y ajoute celles que son génie et
la nécessité lui suggèrent. Il ne lui manque,
au milieu de ses travaux, que des compagnes: elle soupire après le moment où il lui
sera donné de former sa Congrégation, mais
elle ne fera jamais la moindre démarche pour
devancer les volontés de la Providence; elle
est prête, mais c'est à Dieu de lui envoyer,
s'il le juge à propos, des filles spirituelles:
son unique devoir est de les attendre et de
ne mettre de son côté aucun obstacle à la
grâce.

Elle commençait l'œuvre de Cherbourg
en 1802. Bientôt après vint s'adjoindre à elle
sa plus intime amie de Barfleur, sa confi-
dente, Jeanne-Catherine Bellot, tante de
M. l'abbé Bellot (1), chanoine à la Cathédrale

____

(1) Décédé à Coutances en 1870.

de Coutances. Les éminentes qualités de cette pieuse fille, sa parfaite conformité de vues et de dévouement avec sa vénérée maîtresse, remplirent cette dernière d'une sainte joie.

Cependant Mgr Rousseau devait donner la confirmation à Cherbourg. Inutile de dire avec quelle ardeur elle préparait ses élèves et même une foule d'adultes à ce Sacrement, dont elle sentait toute la dignité et toute l'importance. Louise Viel, de Quettehou, qui avait déjà gagné son cœur, lors des catéchismes de la Pernelle, et qui se sentait secrètement attirée vers elle, vint se mettre sous sa conduite pour se préparer elle-même à la confirmation et surtout pour conférer de sa vocation religieuse, qui ne pouvait laisser de doute. Notre Supérieure a donc enfin une novice et une postulante.

Quoiqu'elle vît dans M. l'abbé Cabart, dûment autorisé, et surtout dans M. l'abbé Dancel, vicaire-général, spécialement chargé des arrondissements de Cherbourg et de Valognes, les représentants de son Evêque, elle n'en désirait pas moins présenter sa Congrégation naissante au premier Pasteur et recevoir de lui, pour elle et ses filles, une mission et une bénédiction immédiates. Ses vœux furent entièrement accomplis. A une heure convenue, elle et ses deux compagnes reçurent dans l'église Sainte-Trinité, de la bouche même de l'éloquent Prélat, tous les encouragements et tous les souhaits possibles : dans sa chaleureuse allocution, il les compara au grain de sénevé de l'évangile. Pour comprendre le bonheur de Julie, il faudrait savoir son respect si profond et sa docilité si filiale envers l'autorité ecclésiastique. Louise Viel fut confirmée dans cette réunion particulière, si mémorable pour les filles de la Miséricorde. Bientôt après elle fut prendre congé de sa famille et revint auprès de sa chère Mère spirituelle pour ne plus jamais s'en séparer.

Ce fut le 8 septembre 1807, jour de la fête de Notre-Dame de la Miséricorde, que la petite Congrégation fut véritablement et canoniquement constituée. La Mère, qui allait avoir 51 ans, et ses trois premières filles, prononcèrent leurs vœux perpétuels dans l'église de l'hospice de Cherbourg, en présence de M. l'abbé Cabart, délégué de l'Ordinaire. Nous en avons déjà nommé deux; la troisième était Angélique Ledanois, de Caen. Le Célébrant dit à Julie, à voix basse : Quel nom désirez-vous porter? Celui de l'Amante du Sauveur, répondit-elle, Marie-Madeleine. Louise Viel prit le nom de Sœur Marie; les Sœurs Bellot et Ledanois conservèrent leurs noms de baptême: Catherine et Angélique.

Dans ces temps primitifs, quelques points fondamentaux, invariablement arrêtés, l'obéissance la plus parfaite à la Supérieure, règle vivante, le silence presque continuel, la récitation du bréviaire du Diocèse, formèrent toutes les constitutions de la Communauté. Le costume fut établi à peu près comme il est maintenant, sauf qu'au lieu du voile et du manteau, les Sœurs portaient, pour sortir, une mante uniforme, de couleur noire, et qu'au lieu de la pèlerine, un mouchoir blanc passait par-dessus la guimpe.

Les écoles et les ateliers s'accroissaient tous les jours. Le travail des maîtresses confondu avec celui des élèves portait, chaque année, à plusieurs mille francs le béné-

fice des pauvres de la ville de Cherbourg,
sans compter le bienfait de l'instruction
gratuite : la Supérieure gagnait seule quel-
quefois trois francs dans un jour. Elle avait
un talent extraordinaire pour faire le fil le
plus fin : elle conduisait parfaitement son
tricot sans lumière et confectionnait très
rapidement une paire de bas, tantôt pour
les pauvres, tantôt pour avoir le nécessaire.
La dépense des Sœurs était minime : outre
qu'elles couchaient sur la paille et que leur
vêtement, d'étoffe dite dans le pays *droguet*,
était entièrement préparé par elles-
mêmes, leur nourriture n'était alors le
plus souvent que du pain sec et de l'eau,
sauf la soupe de beurre ou celle dite de
graisse, selon les temps : jamais de viande
ni de poisson. De plus, elles imitaient
saint Paul qui travaillait la nuit pour ne
point être à charge aux premiers fidèles.
Elles passaient presque en entier, comme à
Barfleur, la nuit du jeudi au vendredi, pendant laquelle elles faisaient, après leurs travaux ordinaires du soir et le grand office,
les stations du Saint-Rosaire ou celles du
Chemin de la Croix jusque vers le matin. Le
sommeil était combattu par des chants ana-

logues aux mystères de Marie ou aux douleurs du Calvaire, et par les paroles de feu
et toujours nouvelles qui s'échappaient du
cœur embrasé de la Supérieure.

Telle fut, en résumé, la vie de la petite
Communauté pendant les trois ans et demi
qu'elle passa à Cherbourg, après l'émission
des premiers vœux. Six novices avaient été
formées à toutes les vertus de l'humble et
fervente Congrégation. On jugea que le
temps était venu d'augmenter la pieuse
famille par la réception de leurs vœux, qui
furent, en effet, prononcés sans cérémonies,
en présence de la Mère, le 7 mars 1811, avant
le départ de toute la Congrégation pour la
petite paroisse d'Octeville-la-Venelle.

III.

DÉPART POUR OCTEVILLE-LA-VENELLE :
SÉJOUR DANS UNE ÉTABLE.

Il était devenu impossible de demeurer
plus longtemps dans une maison étroite où

le nombre de nos Sœurs s'était accru; une
même pièce humide servait à la fois de cui-
sine, de parloir et de salle d'exercices. Comment donc recevoir de nouvelles postulantes? On ne pouvait d'ailleurs penser,
nous ne dirons pas à acheter, mais même à
louer à Cherbourg, où les maisons étaient
déjà fort chères, un local suffisant pour en
faire la Maison-Mère de filles si pauvres.
Octeville-la-Venelle vint naturellement à la
pensée de notre Supérieure. Mlle Lecomte,
née dans cette paroisse, où elle était antérieurement institutrice, y avait repris ses
fonctions, sous le nom de Sœur Thérèse,
accompagnée d'une autre Sœur, qui fut
d'abord la Sœur Pélagie, née Passilly, à
laquelle avait déjà succédé une deuxième
Sœur Thérèse, née Lebunnetel. La Sœur institutrice assurait qu'il était facile de loger
provisoirement toutes les Sœurs dans une
maison qui appartenait à ses parents et qui
lui semblait spacieuse. Notre Supérieure délibère. Son humilité la porte principalement
vers les campagnes délaissées. Elle croit
d'ailleurs sa mission remplie à Cherbourg.
Elle vénère tous les anciens Instituts bénis
par l'Eglise; elle ne forme qu'une Congréga-

tion supplémentaire, qui doit avoir le dernier
rang dans la maison du Seigneur. Or les
Sœurs de la Providence se réorganisent ; la
Supérieure Générale est de Cherbourg. Il est
naturel que l'humble Sœur Marie-Madeleine
lui cède la place. La pensée de se prévaloir
d'une position laborieusement conquise ne
peut entrer dans sa belle âme. Elle est la dernière venue : il est convenable qu'elle cède le
pas avant même qu'on ait pensé qu'elle pourrait faire le moindre obstacle. Elle partira
donc avec toutes ses filles, pour reporter son
ardeur sur les campagnes, puisque la ville
où elle est commence à rentrer en jouissance
de ses anciens avantages pour l'éducation
chrétienne de la jeunesse. Il ne se présente
pour le moment d'autre issue qu'Octeville ;
on part donc pour cette paroisse, après avoir
obtenu le congé et la bénédiction du vénérable Supérieur ecclésiastique.

Tout le mobilier de la Communauté est
mis dans une seule charrette. Au milieu des
quelques bagages, la tendre Mère enchâsse
avec soin ce qu'elle possède de plus précieux ;
ce sont deux orphelines : l'une est de la Savoie, l'autre, abandonnée par ses parents

dans l'église de Cherbourg, est de la ville de
Caen. Elle les préparait à faire leur première
communion. Toute autre eût dit: Quelle
charge! Pour elle, c'est tout son trésor,
après trente-sept ans des plus rudes travaux!
Les deux Sœurs Thérèse sont à leur poste.
Les six autres Religieuses et la vénérée Supérieure sont portées par quatre chevaux
plus ou moins mal enharnachés. Le modeste convoi passe par Valognes, et en lon-
geant Tamerville, la Supérieure dit: A coup
sûr, nous reviendrons là; d'après les prédictions dont je vous ai souvent entretenues à
Cherbourg.

On arrive enfin au terme de la course:
mais qu'elle ne fut pas la surprise des Sœurs
en voyant qu'outre la salle d'école il n'y avait
pour les loger qu'une étable spacieuse. On
en avait tiré les animaux la veille. A ce spec-
tacle, la jeune Sœur Marie, déjà économe et
qui n'a jamais cessé de l'être pendant un
demi-siècle, s'écria: Eh bien! notre Mère,
vous nous avez souvent répété que nous
n'étions pas encore comme notre Sauveur
dans l'étable de Bethlehem, nous y voilà!
Etes-vous contente? Elle était réellement

satisfaite : elle avouait qu'une de ses plus grandes consolations avait été d'avoir ce trait de ressemblance avec le divin Sauveur.

Les paillasses sont provisoirement placées sur les solives recouvertes de foin. L'école continue de se faire dans la seule pièce passable, et l'atelier de travail des Sœurs est organisé dans l'étable. Travaillons, disait l'intrépide Supérieure ; j'aimerais mieux dix francs gagnés par mes doigts que mille dont on me ferait cadeau par charité : nous prendrions sur la portion des pauvres que nous devons au contraire contribuer à nourrir. Le vénérable abbé Cabart était accouru pour voir ce qu'étaient devenues ses filles : il repartit aussitôt fondant en larmes. Je ne croyais pas, disait-il en s'en allant, qu'il fût possible qu'elles tombassent dans une si grande pauvreté. On fit quelques petites améliorations et on demeura six mois dans cet étrange état de misère. Peu après la visite de M. Cabart, notre Supérieure s'était rendue à Cherbourg pour conférer avec lui sur les moyens de se procurer un asile convenable, on n'avait pu s'arrêter à aucun projet, par défaut de ressources. Au bout de quelques

semaines, elle écrivit à ce très honoré Père
une lettre que nous allons reproduire tex-
tuellement : on y verra l'expression même
des sublimes sentiments de sa grande âme.

« *Mon très cher Père,*

» Il me semble que ce serait inutilement
» que je m'efforcerais de vous exprimer les
» sentiments dont mon âme est pénétrée,
» vous les connaissez.... Si la véhémence de
» mes désirs s'augmente et me fait souffrir,
» l'abandon total à la volonté de Dieu me
» procure une paix et une tranquillité par-
» faites dans mon exil. Demandez pour moi,
» je vous prie, mon très cher Père, qu'il plaise
» au Seigneur de me donner toujours cette
» soumission parfaite, afin que, s'il veut pro-
» longer cet exil, il me trouve disposée à
» baiser humblement la main bienfaisante
» qui frappe par miséricorde. Je reconnais
» bien sincèrement que j'étais indigne de
» jouir plus longtemps du bonheur de votre
» respectable présence, de vos saints avis,
» de votre conversation ; en ayant si peu
» profité, il est bien juste que j'en souffre
» la privation ; que le nom du Seigneur soit

» béni. Tout prêtre approuvé a le pouvoir de
» remettre les péchés ; cela me suffit. Mais,
» mon cher Père, de grâce continuez tou-
» jours, quoique éloigné, votre charité en-
» vers votre enfant, laquelle ne parlerait pas
» d'exil, s'il lui était possible de profiter de
» temps en temps de vos salutaires avis.
» Pourtant il est vrai que j'en conserve tou-
» jours l'esprit, les sentiments ; que j'agis
» toujours par les mêmes principes ; c'est
» ce qui fait tout mon bonheur et toute ma
» consolation. Oh ! certes, ils sont si bien
» empreints dans mon âme qu'il est comme
» impossible qu'ils en soient jamais effacés.
» Ah ! si je pouvais vous l'envoyer cette âme,
» afin qu'elle vous répétât, tant que vous le
» lui permettriez, qu'elle est toujours sous
» votre conduite et docile à vos leçons ! Il a plu
» à Dieu d'appeler à lui notre Sœur Thérèse ;
» je n'ai pas besoin de la recommander à
» vos prières. Je vous prie de me mander si
» vous savez quelque chose d'intéressant au
» sujet de la religion. Je laisse et abandonne
» toutes nos affaires temporelles et spiri-
» tuelles entre les mains de Dieu et dans les
» vôtres, mon cher Père ; par ce moyen
» je suis tranquille : je me plonge dans la

» volonté de Dieu comme le poisson dans
» l'eau. Peut-être ne passerez-vous pas l'été
» sans retourner à Valognes. Encore une
» fois, que la très sainte volonté du Seigneur
» s'accomplisse. Amen. »

La Sœur Thérèse dont il s'agit dans cette lettre, est celle qui était née Lebunnetel. Ce fut aussi à Octeville que mourut, au mois d'août suivant, dans d'admirables sentiments de piété et de résignation, une des deux orphelines apportées de Cherbourg, Mlle Bourbon, de Caen, connue sous le nom de Dorothée.

Notre Supérieure ne rêvait plus que Tamerville. Elle s'était entourée de renseignements. Il se trouvait là une maison qui eût, provisoirement du moins, rempli son but : c'était l'ancienne école de filles, bâtie jadis pour être desservie, comme elle l'avait été en effet, par des Sœurs de la Providence. Mais ce joli local avait été vendu nationalement. Le propriétaire eût consenti à le louer, s'il n'eût été occupé, vertu de bail écrit, par une demoiselle de laquelle on ne pouvait espérer de concession en faveur d'une Communauté, vu qu'elle n'avait pas de religion et que même sa conduite passait pour être scandaleuse.

M. de Saint-Sauveur, propriétaire de cette maison, semblait disposé à la louer ou à la fieffer à nos Sœurs; sauf à elles à s'entendre avec la locataire pour la jouissance immédiate. Il était donc important, dans tous les cas, d'amener cette étrangère à céder la place. La Supérieure ne balance pas : elle va vers cette femme, et après les compliments d'usage, elle lui dit avec feu : Que faites-vous ici, mademoiselle? Autrefois, cet établissement fut élevé par la piété et habité par les épouses de Jésus-Christ; aujourd'hui, il est occupé par vous, qui, à ce que j'entends dire, êtes un sujet de scandale pour toute la contrée ! Tremblez que le Seigneur justement irrité ne vous frappe de ses foudres. Et quel serait votre sort dans l'éternité ! Eternité, s'écria-t-elle, que tu es consolante pour le juste ! mais que tu es épouvantable pour le pécheur ! La locataire confuse et terrifiée à la fois lui dit: Que faire, mademoiselle ? — Partir, répondit la Supérieure ; j'ai pour certain que Dieu m'appelle ici. — Mais j'ai un bail. — Passez-le à mon nom. — Cela demande réflexion, dit la séculière profondément émue.

Cette fille mondaine et légère ne dormait plus : elle rêvait constamment la mort et l'enfer. Elle passait ses jours dans la plus noire tristesse. N'y tenant plus, elle se rendit à Octeville et exprima le vif désir d'en finir de suite par une rétrocession. La Supérieure ne demanda que le temps d'avoir l'agrément de M. Cabart ; elle prit la plume en disant à ses Filles : N'avais-je pas raison d'assurer, lorsque nous passions près de Tamerville, que nous devions tôt ou tard revenir dans cette paroisse ? et elle écrivit les deux lettres que nous allons reproduire.

« *Mon très cher Père,*

» Depuis le bonheur de votre visite, il me
» semble que le désir de voir finir mon exil
» s'augmente de plus en plus, quoique je
» veuille y être jusqu'à la fin de ma vie, si
» c'est le bon plaisir de Dieu. Néanmoins sa
» bonté dispose toujours les choses de telle
» manière que mon espérance se fortifie à

» mesure que mes peines augmentent. Oh !
» ce n'est pas en vain que ce tendre père
» m'en a donné un autre sur la terre, dont la
» charité paternelle ne souffre point de
» diminution par la distance des lieux, au
» contraire. Mais, mon très cher Père, je
» crois que voici le moment, voici une occa-
» sion favorable que Dieu vous présente
» pour délivrer vos enfants. Aujourd'hui le
» propriétaire du couvent de Tamerville est
» venu, envoyé par un des paroissiens, son
» ami, auquel j'ai parlé il y a sept semaines,
» pour nous donner la préférence. Voulant
» le fieffer dès ce moment, il serait charmé
» que ce fût à des personnes comme nous,
» parce qu'il servait à un tel usage autrefois.
» Je lui ai dit que je lui rendrais réponse,
» aussitôt que j'aurais l'avis de M. Cabart,
» notre Supérieur. Il doit aller à Cherbourg,
» à la fin de la semaine ; ainsi il ira vous
» parler. Je ne vois en tout cela que la divine
» Providence qui conduit tout à ses fins ; car
» vous savez, mon cher Père, combien il
» serait avantageux d'avoir une maison fixe,
» afin de pouvoir y faire ce que je sens que
» Dieu veut de moi, misérable..., puisqu'il
» est vrai qu'avec toute ma soumission à sa

» très sainte volonté, je ne puis empêcher
» ces grands désirs, ces ardeurs qui me
» consument. Nous n'aurons qu'une rente à
» payer et nous serons chez nous ; et, ce qui
» fait mon plus grand bonheur, plus à portée
» de recevoir vos avis, de me conformer en
» tout et partout à votre volonté, dans la-
» quelle je verrai toujours celle de Dieu.
» Hélas! mon très cher Père, je suis dans un
» affreux désert ; j'attends la terre promise,
» hâtez-vous de m'y faire entrer ; puisque
» c'est vous dont Dieu veut se servir pour
» me procurer un si grand bien, A Dieu ne
» plaise que ce soit pour me délivrer de
» quelques-unes des compagnes de Jésus !
» (l'humilité, les souffrances, etc.) Si j'ai le
» bonheur que vous fieffiez la maison du
» couvent, et que cette affaire vous occa-
» sionne un voyage à Valognes, je vous prie
» de me le mander, je m'y rendrai, parce
» que j'ai plusieurs choses à vous commu-
» niquer. La *fille* fera sortir la locataire à la
» Saint-Michel, en la dédommageant. S'il était
» possible auparavant ! mais que la volonté
» du Seigneur s'accomplisse. Amen. »

« *Mon très cher Père*,

» Il paraît que le bon Dieu veut que nous
« allions à Tamerville ; il lève tous les obs-
» tacles ; la séculière du couvent est venue
» hier nous offrir d'en jouir à sa place, en
» nous cédant son bail, ayant pouvoir de
» louer à qui elle voudra ; ainsi nous en
» jouirons encore deux ans sans que les
» affaires du propriétaire y mettent obsta-
» cle. Je lui ai promis réponse aussitôt que
» j'aurai l'honneur de la vôtre, afin qu'elle
» se pourvoie d'un autre logement ; la Pro-
» vidence permet sans doute à cause de
» nous qu'elle s'ennuie dans celui-là. Je
» serais bien aise que le propriétaire en fût
» instruit, s'il est nécessaire ; je désire, mon
» cher Père, que vous ayez la bonté de voir
» M. le Curé de Tamerville à ce sujet, ainsi
» que M. le Maire. Mais que dis-je ? vous
» savez bien mieux que moi ce qui convient.
» Vous penserez sûrement que nos saints
» Patrons nous ont obtenu cette faveur,
» puisque hier 29, vigile de leur fête, cette
» personne est venue elle-même nous faire

» cette offre inattendue. Depuis mon dernier
» voyage de Cherbourg, je n'osais presque
» plus parler au bon Dieu d'un logement,
» mais je le faisais demander tant que je
» pouvais par mes compagnes grandes et
» petites, et je leur disais avec une ferveur
» que j'avais peine à contenir : Mes chères
» enfants, demandez au bon Dieu une
» grande maison remplie de pauvres dans
» laquelle il soit bien servi. Oh ! qu'il est vrai
» qu'il ne refuse rien à une humble prière !
» Si le voyage que vous devez faire à Valo-
» gnes était proche, j'en serais bien con-
» tente, car le tout peut se faire dans le
» même temps ; mais, mon cher Père, j'ai
» promis réponse cette semaine, et ai donné
» bonne espérance qu'il n'y aura pas d'obs-
» tacles ; ainsi je vous prie d'agir en consé-
» quence, vous promettant toujours mon
» humble obéissance à toutes vos décisions.
» Peut-être trouverez-vous des difficultés,
» lesquelles je n'aperçois pas, dans la rétro-
» cession du bail ; mais que tout serve à la
» plus grande gloire de Dieu... Si vous pou-
» viez venir ici.... la personne m'a invitée
» d'aller faire la visite du logement ; je lui ai
» dit qu'il n'est pas nécessaire. Elle m'a

» même offert avec honnêteté deux appar-
» tements ; elle remettrait les clefs pour y
» faire porter des meubles, dès à présent ;
» mais je n'ai pas assez de confiance pour
» l'accepter, quoiqu'il faille les tirer ici de
» chez les voisins pour mettre leur blé à la
» place. »

Le Supérieur ayant engagé la vénérée
Mère à tout conclure sans son intervention,
la rétrocession eut lieu. Cependant la petite
Communauté ne partit pour Tamerville que
le 7 septembre 1811, veille de la fête de
Notre-Dame de la Miséricorde,

IV.

DÉPART DES SŒURS POUR TAMERVILLE.

On ne laissa à Octeville que la Sœur Thérèse, née Lecomte, qu'on était allé y re-
joindre. Si le démeublement de l'étrangère,
qui cédait le couvent de Tamerville, ne fut
pas difficile à effectuer, il en fut de même de
celui de nos pauvres volontaires. On s'y

prêta d'autant plus volontiers dans le village, que leur dénuement effrayait les personnes pieuses d'Octeville, spécialement les parents de la bonne Sœur Thérèse.

Cette Sœur, chargée de la tenue de l'école de filles de l'endroit, ne vécut pas longtemps après le départ de la petite société : le Seigneur l'appela dès l'année 1812 à recevoir la récompense de ses travaux. La Supérieure se détermina sans hésiter à ne plus envoyer de Sœurs dans cette paroisse, par suite de la perte qu'elle y avait faite de trois Religieuses, et de l'une de ses chères orphelines, dans l'espace de moins de trente-deux mois. Elle fut plus affligée que surprise de ces derniers malheurs; voici pourquoi. A peine avait-elle envoyé à Octeville, vers la fin de l'année 1810, la Sœur Euphrasie, avec Mlle Lecomte, pour y desservir l'école, la première qui ait été sous la dépendance de la Maison-Mère, qu'on vint lui annoncer que cette chère fille venait de tomber malade. Je n'en suis pas étonnée, dit-elle aux Sœurs présentes; car cette nuit même j'ai eu autre chose qu'un songe; c'était la vue claire d'un cimetière dans lequel un fossoyeur ne ces-

sait de fouiller le terrain : quatre têtes me
sont apparues et se sont ensevelies coup
sur coup dans quatre tombes voisines : j'en
frémis encore. J'ai compris que plusieurs
de mes filles doivent bientôt être inhumées
dans un même cimetière : peut-être celle-ci
sera-t-elle la première! Ces paroles frappèrent d'autant plus les Sœurs, que la Supérieure n'attachait point d'importance aux
songes et que rien en elle ne ressentait la
superstition.

A chaque décès qui arrivait à Octeville,
elle répétait : Cela ne me surprend pas; et
de plus en plus ses compagnes étaient portées à croire que le pressentiment de leur
Mère avait quelque chose de surnaturel.

On trouvait à Tamerville un joli petit établissement, entre cour et jardin. Le local,
plus spacieux qu'une école ordinaire, suffisant pour le nombre des Sœurs, était appro-
prié à leurs usages. Inutile de dire que le
clergé et les autorités furent prévenus de
l'arrivée de la Communauté. Le digne abbé
Cabart accourut pour féliciter ses filles : une
poignante sollicitude pesait sur son cœur de

Père, depuis la visite qu'il leur avait faite à l'étable d'Octeville. Il les recommanda de nouveau à M. l'abbé Dancel, alors Curé de Valognes, qui avait déjà pour elles la plus grande estime.

Notre Supérieure, voyant une école communale établie à Tamerville, se garda bien d'ouvrir des classes : elle a toujours eu horreur de la concurrence, source de divisions dans une paroisse. Elle se borna, pour satisfaire son zèle et sa charité et pour former ses jeunes Sœurs, à prendre à sa charge entière douze orphelines ; se proposant de les instruire et surtout de les mettre en état de gagner leur vie. Il convient de dire un mot en particulier d'une d'entre elles, qui avait suivi, comme nous l'avons vu, les Sœurs au départ de Cherbourg. Elle était venue de Savoie dans cette ville maritime, avec un frère honnête et vertueux, qui était ramoneur de profession. Il avait été forcé d'associer à ses voyages cette jeune sœur, âgée d'une dizaine d'années.

Notre Supérieure, après l'avoir prise chez elle pour lui faire faire sa première communion, l'avait entièrement adoptée et ne voulait plus s'en séparer qu'elle ne fut en état de gagner honorablement sa vie. Une vocation était cachée sous le simple mais toujours intéressant costume savoyard. A l'âge de 17 ans, cette jeune fille devint excellente religieuse.

Revenons aux douze orphelines. Rien ne leur manque, ni pour la nourriture, ni pour le vêtement. Il survient une disette : les Sœurs mangent du pain d'orge, même du pain de son, afin que leurs filles adoptives n'éprouvent aucun changement dans leur régime habituel. Le peu d'effets de quelque valeur apportés par les Novices, comme armoires et lits de plume, tout ce que la plus grande austérité peut appeler superflu est vendu, pour conserver heureuses ces douze enfants et faire encore d'autres aumônes aux pauvres de la paroisse.

La maison se régularisait de plus en plus, la ferveur allait toujours croissant. Chaque Dimanche, notre Supérieure faisait à toute la Communauté une conférence spirituelle des plus solides et des plus animées : elle a

conservé cet usage jusqu'à la fin de sa carrière. Elle citait très à propos l'Ecriture, les
Pères de l'Eglise, les traits édifiants de la
vie des Saints, les maximes des Maîtres de
la vie spirituelle. Elle ne tombait jamais
dans ce qu'on appelle la mysticité, ni dans
l'exagération ; son inspiration était toujours
suave et sereine ; ses principes, comme sa
vie, étaient le travail continuel sanctifié par
la foi et la charité. Elle connaissait les principaux Sermonnaires : elle était d'ailleurs
très éloquente, tout en ne s'écartant jamais
d'une admirable simplicité. Une foule de
personnes pieuses de Tamerville et même
de Valognes avaient obtenu la permission
d'assister à ces touchantes Conférences et
s'y rendaient avec un fidèle empressement.
Le bonheur indicible qu'éprouvait notre Supérieure de voir ainsi sa Communauté orga-
nisée, devait être tempéré par une peine
bien vive : elle fit, le 17 août 1812, la perte
douloureuse de sa bien-aimée Sœur Catherine, née Bellot, qui lui fut ravie pour le
ciel : elle mourut comme elle avait vécu, en
prédestinée.

M. l'abbé Cabart était le confesseur ordi-

naire des Religieuses : il venait exprès
de Cherbourg, et M. l'abbé Dancel avait
bien voulu être leur directeur extraordinaire.

Cependant le temps s'écoulait, et le propriétaire du Couvent, déterminé à le vendre,
ne voulait plus en consentir la location.
Quelle bonne fortune pour la Communauté,
si elle eût pu l'acquérir ! Mais il fallait le
capital comptant. MM. Cabart et Dancel ont
beau chercher des ressources, la pauvre
Supérieure a beau prier : la Providence, qui
cache sa main pour un temps, semble la
retirer entièrement. La soumission de la
Sœur Marie-Madeleine est immuable ; elle
est disposée à toute espèce de sacrifices,
toujours fidèle à sa devise : Que la sainte
volonté de Dieu soit faite !

Une lueur d'espérance renaît. M. le prince
Le Brun, architrésorier de l'Empire, devenu
acquéreur du beau domaine de Chiffrevast,
sis en Tamerville, plein de zèle pour seconder l'instruction de la jeunesse partout
où il a des propriétés, achète l'établissement, en mars 1813 : on dit à nos Sœurs que

c'est dans l'intention de les y laisser et de leur être agréable.

Mais les services rendus contribuèrent à susciter une violente tempête. Notre Supérieure n'avait fait aucune concurrence, puisqu'elle s'était bornée à ses douze pauvres orphelines internes, qui encore n'étaient pas toutes de l'endroit. Néanmoins, l'Institutrice jalouse se plaignait amèrement de ce qu'il y avait une autre école que la sienne. L'acquisition du local la surexcite ; elle s'agite dans la paroisse et se crée un parti, pendant que les Sœurs gardent le silence. Surgissait effectivement la question de savoir si cette Maîtresse occuperait le Couvent au préjudice des Sœurs, ou si celles-ci seraient chargées à son détriment de desservir l'école de l'endroit. L'administration locale, qui ne connaissait pas le trésor qu'elle possédait, se rangea du côté de l'Institutrice : on trouvait les Sœurs trop silencieuses et trop distantes du monde, leur modération même était regardée comme de l'indifférence, et, chose étrange, le Curé de Tamerville, homme de bien, confesseur de la foi, fut de l'avis des notables de la commune. Il était, du reste, un de ces pasteurs simples et étrangers à la vie cachée et intérieure des âmes avancées dans la perfection. La décision est prise : il faut que les Religieuses partent le jour Saint-Michel 1813, — et où aller ? Elles vont donc se trouver de nouveau sans feu et sans lieu. Dans de telles tribulations, loin de se décourager, la vénérée Supérieure s'écriait, avec une sainte fièvre qui embrasait son visage : Encore plus, Seigneur, encore plus ; arrive, croix, arrive, que je t'embrasse !... Le Seigneur ne nous humilie que pour mieux nous relever.

V.

LES SŒURS VONT SE RÉFUGIER A VALOGNES.

On occupe provisoirement à Valognes, tout près de l'ancienne église des Capucins, une très modeste maison, dont M. Cabart promet de payer le loyer. On se concentre dans les travaux manuels ; mais quel supplice pour la Supérieure de n'avoir plus de jeunes personnes à former ! Car elle a dû renvoyer ses chères orphelines, sauf celle qui était de la Savoie et une de ses jeunes compagnes. Elle est comme le poisson hors de l'eau. Elle ne peut songer à ouvrir des classes à Valognes : comment se pourvoir, sans ressources, d'un local suffisant ? Puis, on le sait, il n'entra jamais dans l'esprit de notre Supérieure de faire, aux Communautés surtout, aucune espèce de concurrence. Or, les Bénédictines, rétablies dans l'ancien couvent des Capucins, et d'un autre côté, les Dames Augustines, définitivement fixées dans cette pieuse ville, donnaient déjà aux pauvres comme aux riches l'éducation la plus solide et la plus désintéressée. Les Sœurs de Saint-Vincent avaient aussi leurs ateliers en plein exercice.

Cependant la pénurie de nos Religieuses de la Miséricorde inquiétait fort M. le Curé de Valognes. Une d'elles venait de mourir : on répandit le bruit, à tort sans doute, qu'elles périssaient de faim. M. Dancel demandait avec instance à son ami M. Cabart ce qu'il prétendait définitivement faire de ses filles.

Le vénérable Supérieur, après y avoir

mûrement réfléchi, croit fermement que Dieu ne veut pas le succès de ses Religieuses. Il députe vers elles Mme Lebrettevillois, connue par les services qu'elle a si longtemps et si généreusement rendus à l'hospice de Cherbourg, et une autre personne également digne de sa confiance, avec mission de déclarer à Julie Postel qu'il a su apprécier son mérite transcendant, et aussi la rare capacité, pour l'administration, de Louise Viel, Sœur Marie, sa jeune économe; qu'il faut que l'une et l'autre seulement viennent se dévouer, comme de pieuses séculières, à l'hospice de Cherbourg, où elles seront bien accueillies; qu'il est temps de renoncer à maintenir une Congrégation visiblement délaissée par la Providence; que, quant aux autres Sœurs, il faut ou les rendre à leurs familles ou les écouler immédiatement dans d'autres couvents, de concert avec M. le Vicaire-Général de Valognes; que, du reste, le même abbé Cabart déclare ne pouvoir plus faire de sacrifices pour les Sœurs de la Miséricorde.

L'abandon et même les persécutions du monde ne font, on le sait, qu'effleurer une âme fortement trempée dans la foi; elle compte sur ces sortes d'obstacles; mais c'est une épreuve bien sensible et bien redoutable que celle qui vient de la part de ceux-là mêmes qui, dans l'ordre surnaturel, sont notre lumière et notre appui. L'imperturbable et intrépide Fondatrice, après avoir répété : Encore, Seigneur, encore davantage; arrive, croix, que je t'embrasse ! répond à l'instant avec le plus grand calme et la plus grande énergie : Dites à notre Père que nous ne cesserons de remercier le Seigneur de s'être servi de lui pendant si longtemps pour nous seconder dans une œuvre qui n'est ni la sienne ni la nôtre, mais bien celle de la Providence ; que je n'ai jamais compté pour le succès sur un bras de chair, quelque respectable qu'il fût; que je suis tellement sûre que le Seigneur veut la réalisation de mes projets, que je n'en poursuivrai pas moins l'exécution avec la plus grande ardeur. Mes Filles m'ont voué l'obéissance jusqu'à la mort : elles sont toutes également chères à mon cœur. Celui qui me les a données et qui prend soin des petits oiseaux des champs saura bien me fournir les moyens de les nourrir : tant que

je vivrai, il ne m'arrivera jamais d'en abandonner une seule !

VI.

RETOUR A TAMERVILLE :
LES SŒURS DEMEURENT DANS UNE CHAUMIÈRE.

Notre Supérieure avait quitté Tamerville,
portant dans ses bras une petite statue de la
Sainte Vierge, qui était toute sa richesse.
Elle s'était retournée, à plusieurs reprises,
vers le clocher, disant tout haut à chaque
fois : Je te reverrai, Tamerville, je te reverrai ! Elle pense, dans sa détresse et son
délaissement, qu'elle a peut-être eu tort
d'abandonner cette paroisse, parce que le
local confortable qu'elle avait comme pris
d'assaut lui avait été ravi. Les personnes
pieuses de l'endroit la rappelaient de tous
leurs vœux ; il devait d'ailleurs lui en coûter
moins pour vivre dans cette campagne qu'à
la ville : elle y retournera donc. Elle y loue,
en attendant mieux, un chétif rez-de-
chaussée, le seul logement disponible

qu'elle peut découvrir. Il est affermé, avec le petit jardin, pour douze francs par année ! Après un an de séjour à Valognes, des courses fatigantes et divers préparatifs essentiels, la Communauté se rend tout entière dans cette petite maison, sur laquelle la Supérieure improvisa quelques pieux couplets, qui exprimaient la joie surnaturelle qu'elle ressentait de sa misère et de ses nouvelles tribulations. Ce retour s'effectuait en 1814.

M. Dancel, émerveillé de tant de courage et de persévérance, promit de bénir un Oratoire que la Supérieure avait disposé avec goût, à l'instar de celui de Barfleur, dans une petite pièce qui, auparavant, servait de cage à l'escalier du grenier. Pour des chambres, il n'y en avait pas; le dortoir commun fut établi sous le chaume. On dédia, bien entendu, la chapelle à la Mère de Miséricorde. On n'ouvrit aucune école. On évita toute espèce de concurrence. La Supérieure concentra tous ses soins et tous ses avis spirituels sur ses filles. M. Desmonts, ancien curé de Barfleur, retiré dans sa famille depuis le retour de l'exil, célébrait lui-même, une fois la semaine, la Sainte Messe dans le modeste petit sanctuaire. Notre Seigneur était là : la douceur surnaturelle et si vive des temps de la persécution inondait de nouveau l'âme aimante de la Supérieure.

L'ardeur pour les travaux, seule ressource de la communauté, ne fit que s'accroître dans la maison de 12 francs. Ce fut à cette époque que la Providence adjoignit à la Congrégation la bonne et infatigable Sœur Aimable, si vénérée dans l'Institut. Elle en devint la principale nourricière par sa dextérité et sa promptitude à faire les tissus de divers genres. Et néanmoins, que nos Sœurs, dont le nombre s'était un peu accru malgré tant d'entraves, étaient pauvres ! Elles récoltaient la fougère d'une petite propriété voisine, parce qu'en retour on leur laissait cuire gratuitement leur pain d'orge au four de la ferme !

Après deux ans de séjour dans la chaumière, des jours meilleurs ont lui. M. le prince Le Brun, éclairé sur le mérite des

Sœurs par M. Gilles, maire de Tamerville, exprime le désir de les voir rentrer dans sa maison qu'elles avaient déjà habitée et où elles avaient fait tant de bien. On délibère au conseil municipal sur la question de savoir si l'école communale leur sera définitivement confiée. M. Désmonts, ancien curé de Barfleur, avait fait, à l'insu des Religieuses, quelques démarches discrètes auprès de ses parents, notables dans l'endroit. L'Institutrice, on le présume bien, s'était encore agitée pour se créer des partisans ; la Supérieure, toujours étrangère au monde, ignorait ce qui se passait. Les voix sont partagées au conseil en nombre égal : M. le Maire arrive et tranche la difficulté en faveur de notre Supérieure. Il devient donc le sauveur de nos Religieuses, auxquelles il n'a jamais cessé de rendre de grands services. « Frappé de tant de vertu, dit M. Gilles, maire de Valognes, et alors maire de Tamerville, du désintéressement de la Communauté et de l'aptitude de la Supérieure pour l'enseignement, je lui offris l'école primaire des filles de la commune. Elle l'accepta avec désintéressement. » M. l'abbé Cabart nous avait raconté avec un juste enthousiasme tout ce que cette Dame avait fait de bien ailleurs. »

Mgr Dupont, Évêque de Coutances, apprend cette bonne nouvelle avec joie ; il écrit à M. Dancel, le jour de la Trinité : Hâtez-vous de remettre les abeilles dans leur ruche; elles n'auraient jamais dû en sortir. Par la munificence de l'illustre famille Le Brun, représentée à Chiffrevast par M. le comte et Mme la comtesse Daru, qui ont renchéri sur la bienveillance et les bienfaits de leurs ancêtres, nos Sœurs n'ont plus cessé d'occuper la jolie maison d'école de Tamerville. Elles y rendent même actuellement, par la charité de Mme la Comtesse, de nouveaux et importants services aux pauvres et aux malades.

Sur le vœu de M. Dancel et de M. l'abbé Cabart, notre Fondatrice traça, avant de quitter la chaumière, les constitutions suivantes :

PREMIÈRES CONSTITUTIONS

DE LA

SŒUR MARIE-MADELEINE.

A la plus grande gloire de Dieu.

Plusieurs personnes, unies ensemble par les liens les plus étroits de la charité, désiraient observer une règle sous l'obéissance des Supérieurs ecclésiastiques ; mais le malheur des temps ayant empêché l'exécution de leur pieux projet, aujourd'hui que le moment paraît plus favorable, elles s'adressent avec confiance à leur Evêque, comme à leur commun Père, pour le supplier de leur permettre de vivre ensemble sous le même toit, afin d'y observer la règle qu'elles ont l'honneur de lui présenter et de se soumettre à l'obéissance; d'avoir une chapelle, un Prêtre pour la desservir, et que, nonobstant la retraite qu'elles désirent garder, il y ait dans leur maison un appartement destiné à recevoir toutes les pauvres filles qui pourront s'y rendre pour l'instruction qu'elles désirent leur donner gratui-

tement deux fois le jour; de plus, que parmi
celles d'entre elles qui auront de l'attrait
pour les œuvres extérieures de charité, il y
en ait deux destinées pour aller visiter les
pauvres malades de la paroisse, dans
laquelle elles habiteront, afin de leur procurer, autant qu'il leur sera possible, tous
les secours spirituels et corporels dont ils
pourraient avoir besoin.

INSTITUTION OU ASSOCIATION

*En l'honneur des Sacrés-Cœurs de Jésus et
de Marie, dédiée à la Très Sainte Vierge
sous le titre de Notre-Dame de la Miséricorde, choisissant pour Patrons titulaires
les glorieux Apôtres saint Pierre et saint
Paul, pour protecteurs et défenseurs plusieurs Saints et Saintes qui ont illustré
l'Eglise par leurs célèbres institutions, lesquels nous nous proposons d'honorer spécialement le jour de leur fête.*

Jamais la plus brillante fortune ne donnera entrée dans cette maison, sans une
vocation véritable et reconnue pour telle par

les Supérieurs ecclésiastiques ; car nous
faisons profession de fouler aux pieds les
richesses et de suivre de plus près qu'il nous
sera possible Jésus-Christ pauvre et hu-
milié. Comme aussi la porte en sera toujours ouverte à toute personne douée d'une
véritable vocation, quoique sans crédit et
sans fortune.

Il ne sera jamais permis à aucune Fille de
la Miséricorde de dire : J'ai apporté tant
dans cette maison et cette autre n'a apporté
que tant ; ni même de s'en entretenir volon-
tairement dans son esprit, parce que nous
avons résolu que celle qui aura apporté le
moins sera traitée de la même manière que
celle qui aura apporté le plus ; notre intention étant de faire renaître parmi nous les
mœurs des premiers Chrétiens, lesquels
n'avaient entre eux qu'un cœur et qu'une
âme.

L'âge et la faible santé ne seront point un
obstacle insurmontable à l'entrée de celles
qui auront une véritable vocation. Nous
nous proposons de leur rendre tous les services dont nous serons capables, avec d'au-

tant plus d'ardeur que nous croirons servir Jésus-Christ dans leurs personnes.

La douceur et l'humilité seront la base et le fondement de cette Institution. Les Filles de la Miséricorde se souviendront sans cesse que leur divin Epoux n'a pas dit : Apprenez de moi à faire des actions d'éclat qui paraissent aux yeux des hommes ; mais bien : Apprenez de moi que je suis doux et humble de cœur. Elles s'exerceront continuellement à la pratique de ces deux vertus si chères au Cœur de Jésus ; et pour obtenir la grâce de les pratiquer fidèlement, il leur sera permis de rompre le silence lorsqu'elles se rencontreront, pour dire ces seules paroles, la première : Jésus doux et humble de cœur ; la seconde : Ayez pitié de nous.

Les Suppliantes ont l'honneur de faire observer qu'elles ne demandent rien à l'Etat ni à aucun particulier, se proposant de vivre de leur peu de fortune et de l'ouvrage de leurs mains : du reste, elles s'en remettent entièrement à la divine Providence.

RÈGLES QU'ELLES DOIVENT OBSERVER.

Les Sœurs diront le Bréviaire à l'usage du Diocèse, lequel sera psalmodié ou chanté, suivant la solennité des fêtes, aux heures qu'il l'était dans l'Eglise primitive, excepté Matines et Laudes, lesquelles, au lieu d'être à minuit et à 3 heures, se diront à 9 heures du soir immédiatement avant le coucher.

Exercices de chaque jour.

Elles seront toutes rendues au chœur à 5 heures du matin, pour la prière et la méditation, ensuite l'heure de Prime. Cet exercice sera fini à 6 heures; de suite elles prendront leur obédience et travailleront en silence jusqu'à 7 heures 3 quarts, qu'elles se rendront au chœur pour la préparation à la Messe, laquelle se dira à 8 heures précises. Après l'action de grâces, elles réciteront l'heure de Tierce et la Salutation au Sacré-Cœur de Jésus. Cet exercice sera fini à 9 heures; elles prendront ensuite leur ouvrage et travailleront assidûment jusqu'à 11 heures et demie, gardant un profond silence; cependant il leur sera permis de

chanter un cantique suivant leur attrait. A
11 heures et demie, elles iront au chœur
pour l'heure de Sexte, et après un court exa-
men sur la fidélité avec laquelle elles se
seront acquittées des exercices de la matinée, elles se prosterneront pour réciter le
Psaume *Miserere*, ensuite l'*Angelus*. Elles
iront au réfectoire ; la lecture s'y fera seulement l'espace d'un quart d'heure. Ensuite
de l'action de grâces du dîner, elles prendront un délassement d'esprit jusqu'à une
heure et demie, qu'elles se mettront à l'ouvrage en silence jusqu'à 3 heures ; elles se
rendront au chœur pour l'heure de None ;
ensuite, ayant repris leur ouvrage, elles
réciteront ensemble le Rosaire ou le Chapelet, avec bien de la dévotion, se souvenant
que les Filles de Notre-Dame de la Miséricorde ne doivent point oublier leur Mère.

A 4 heures, la salutation au Sacré-Cœur
de Jésus. Depuis 4 heures jusqu'à 5, la plus
instruite d'entre elles sur le chant, l'office
et les cérémonies du chœur, recevra humblement, sans réplique, l'obédience d'en
instruire les autres, afin que toutes celles
auxquelles Dieu aura donné ce talent le fas-

sent valoir pour sa gloire. Depuis 5 heures jusqu'à 6, toujours en travaillant, il leur sera permis de s'entretenir ensemble sur des sujets édifiants et utiles seulement durant trois quarts d'heure ; à 6 heures moins un quart, elles se recueilleront pour aller au chœur réciter les Vêpres et Complies ; ensuite une demi-heure de méditation : à 7 heures et demie, elles iront au réfectoire ; on y fera la lecture de la vie du Saint pour le lendemain. Après l'action de grâces du souper, elle s'uniront ensemble pour apprêter ce qui sera nécessaire pour le dîner du jour suivant, afin que celle qui sera chargée de cette obédience soit sans sollicitude. A 8 heures et demie, la Prière du soir et le Chapelet pour obtenir du Dieu des miséricordes, par l'intercession de la Mère de la Miséricorde, le pardon de leurs péchés et la grâce d'une bonne mort. A 9 heures, Matines et Laudes, comme on a déjà dit.

La classe se tiendra depuis 9 heures et demie du matin jusqu'à 11 heures et demie, et depuis 2 heures jusqu'à 4 heures d'après-midi. Celles qui seront chargées de cette fonction auront soin de réciter None avant

la classe de l'après-midi : elles seront dis-
pensées du Rosaire.

Exercices de chaque Semaine.

Le jeudi au soir, après Matines et Laudes,
au lieu du repos, comme les autres jours,
elles réciteront l'Office des Morts, le Rosaire
ou le Chapelet, ensuite l'heure sainte, pour
honorer l'Agonie de Notre-Seigneur. Ces
exercices doivent finir à minuit.

Le lendemain, au lieu de dire le Rosaire
qui aura été dit la veille, après None, elles
feront l'Adoration de la Croix dans le lieu le
plus commode de la maison; elles s'y rendront en grande dévotion en chantant le
Vexilla Regis. Etant arrivées, après une
brière contemplation, elles feront l'adoration comme il est marqué dans le livre inti-
tulé : *L'âme sur le Calvaire.*

Exercices de chaque Mois.

Tous les premiers jeudis du mois, à
minuit, après les exercices ordinaires, au
lieu d'aller prendre leur repos, elles feront

une dévotion pour honorer les quinze Mystères du Rosaire, en cette sorte : elles auront des tableaux lesquels représenteront chaque Mystère en particulier ; elles les placeront à certaine distance l'un de l'autre, afin de pouvoir y faire leurs stations en forme de procession, et à chacune d'elles se représenteront le Mystère comme s'il se passait sous leurs yeux ; elles réciteront le *Pater* et les dix *Ave*, ensuite elles chanteront une hymne ou psaume qui ait rapport au Mystère.

Au 1er Mystère joyeux : l'Annonciation de la sainte Vierge, elles chanteront *Ave, maris stella* ;

Au 2e : la Visitation, le *Magnificat* ;

Au 3e : la Naissance de J.-C., le *Gloria in excelsis* ;

Au 4e : la Présentation de Notre-Seigneur au Temple avec saint Siméon, *Nunc dimittis* ;

Au 5e : le Recouvrement de Jésus dans le Temple, *Laudate Dominum, omnes gentes*, pour remercier Dieu, avec la sainte Vierge, de l'avoir recouvré par la pénitence.

Au 1er Mystère douloureux : la Prière de

J.-C. au jardin des Olives, elles chanteront, dans des sentiments de douleur de leurs péchés, les versets *Domine, non secundum,* etc. ;

Au 2ᵉ : la Flagellation, le Psaume *Miserere ;*

Au 3ᵉ : le Couronnement d'épines, une hymne tirée de l'Office de la Susception de la sainte Couronne d'épines ;

Au 4ᵉ : le Portement de la Croix, pour compatir à la Sainte Vierge, elles chanteront le *Stabat ;*

Au 5ᵉ : le Crucifiement, le *Vexilla Regis.*

Au 1ᵉʳ Mystère glorieux : la Résurrection, elles chanteront le *Regina cœli ;*

Au 2ᵉ : l'Ascension de Notre-Seigneur, *Opus peregisti ;*

Au 3ᵉ : la Descente du Saint-Esprit, *Veni, Creator ;*

Au 4ᵉ : l'Assomption de la sainte Vierge, *O vos ætherei ;*

Au 5ᵉ : le Couronnement de Notre-Dame, une antienne à la Vierge, selon le temps.

Cet exercice sera fini à 3 heures ; elles iront prendre un peu de repos.

Tous les derniers jours de chaque mois,

elles feront un jour de retraite ; elles s'occuperont particulièrement à demander pardon à Dieu des fautes qu'elles auront commises pendant le mois, et à le remercier des grâces qu'il leur aura faites et à prendre la résolution de s'acquitter de leurs devoirs avec une nouvelle ferveur. Elles communieront ce jour-là en forme de viatique ; le soir, elles feront la préparation à la mort, récitant ensemble, à cette intention, les prières de l'Eglise pour les Agonisants.

Exercices des Dimanches et Fêtes.

Les jours des Dimanches et Fêtes, le Chapelain présidera toujours à leur office. On chantera communément Tierce avant la Grand'Messe, Sexte après, None à trois heures moins un quart, ensuite Vêpres et Complies. Lorsqu'il n'y aura pas eu et qu'il ne devra point y avoir de sermon dans le jour, la Communauté s'assemblera à une heure et demie pour assister à une instruction familière faite par la Supérieure.

Après les Vêpres, elles réciteront le Rosaire ou le Chapelet, les Sept Psaumes de la

Pénitence, dont une d'entre elles sera dispensée pour se rendre à l'appartement des classes, afin d'y faire une lecture et donner quelques instructions aux grandes personnes de son sexe qui voudront bien s'y rendre pour ce sujet, l'espace d'une heure seulement. Ensuite, elles s'assembleront toutes pour faire la conversation sur des sujets édifiants propres à exciter leur ferveur; il sera permis à toutes de manifester leurs sentiments, de proposer leurs difficultés, mais le tout avec beaucoup de modération et d'humilité.

Exercices de chaque Année.

Tous les ans se fera la retraite de dix jours, suivant l'avis des Maîtres de la vie spirituelle; elle se fera durant l'Avent ou le Carême. Les exercices de la retraite ne dérangeront point la règle ordinaire; mais seulement on se servira de sujets de méditation propres à inspirer des sentiments tels qu'on doit les avoir dans ces temps, qu'on destine plus particulièrement à repasser dans l'amertume de son âme tous les péchés de sa vie passée, et à prendre de fortes

résolutions pour l'avenir et pour devenir,
autant qu'il est en soi, de nouvelles créa-
tures.

Plusieurs personnes vivant pieusement
dans le monde, désirant passer quelques
jours, chaque année, à réfléchir plus à l'aise
sur l'état de leur âme, demandent d'être
admises à ces retraites. Si les Supérieurs
ecclésiastiques jugent à propos de permettre
de les recevoir, ainsi que de jeunes personnes, en qualité de pensionnaires, on se
conformera à leur décision.

Les Filles de la Miséricorde doivent
s'efforcer de recueillir tous les points de
cette règle comme autant de fleurs pour les
présenter à Jésus-Christ tous les jours de
leur vie, et n'en laisser flétrir aucune par
leur négligence, mais le conjurer humblement qu'il daigne les arroser des eaux vivi-
fiantes de la grâce jusqu'à la bienheureuse
Eternité.

Ainsi soit-il.

VII.

LES SŒURS RÉINSTALLÉES DANS L'ANCIEN COUVENT.

L'ascendant des vertus et l'autorité bien méritée de la Fondatrice étaient tels, que les règles que nous venons de parcourir, et qui n'avaient rien de nouveau pour les très chères Sœurs, furent suffisantes pendant plus de trente années pour faire marcher la Communauté dans le plus grand ordre, la plus grande ferveur et la plus parfaite union. M. l'abbé Dancel y ajouta pourtant un supplément bien conforme aux goûts de la Mère ; ce fut une Croix toute simple de bois peint en noir, sur laquelle on lit encore : *Obéissance jusqu'à la mort.* Heureuse allusion à ces paroles de l'Écriture sur le divin modèle : Il a été obéissant jusqu'à la mort et jusqu'à la mort de la Croix. C'est au pied de ce modeste Calvaire que les Filles de la vénérée Supérieure offrent encore les prémices de leur consécration à Dieu, après avoir respectueusement porté sur leurs épaules ce signe de l'instrument de l'infinie miséricorde du Sauveur.

Ce fut au mois de juillet 1816 qu'on reprit possession du couvent de Tamerville.

On est donc de nouveau rentré dans le port après tant de tempêtes et de naufrages; la Chapelle est bénite; le Saint-Sacrement y est conservé. A côté des Novices on trouve place pour quelques pensionnaires et pour plusieurs orphelines gratuites. L'Institutrice est installée dans une autre commune; toutes les élèves de la paroisse se pressent autour des Sœurs. Les travaux de tout genre continuent d'être la principale ressource de l'établissement. Les unes filent le lin, les autres la laine; celles-ci font des tissus, celles-là font des dentelles; plus tard on brode des aubes, des nappes d'autel, et même des objets de toilette. Elles visent à se suffire. Une Sœur est boulangère; une autre, jardinière. Ce fut alors que se forma la Sœur Rosalie, si renommée pour son habileté dans l'horticulture potagère.

En 1817, une nouvelle disette se fit sentir.

« Cette femme, héroïquement vertueuse, dit
M. Gilles parlant de la Supérieure, nous aida
à faire des soupes économiques. Elle se pri-
vait du nécessaire, couchait comme ses compagnes sur la paille, vivait de pain de son,
buvait de l'eau et donnait tout aux pauvres. »
On vendit de nouveau, pour secourir les in-
digents, tout, excepté l'habit que portaient
les Sœurs. Faisons comme saint François de
Sales, disait la Supérieure, vivons de ménage.

On ne sera pas surpris de voir tant de vertus et de si généreux sacrifices récompensés
par l'obtention de quelque faveur extraordinaire.

Nous avons dit que la chère Sœur Aimable, qui avait fait son noviciat dans la
petite chaumière, était devenue, par son
travail, comme la mère nourricière de la
Communauté. Or, en 1816, cette infatigable
ouvrière fut atteinte d'un mal très grave à
une jambe. Elle n'en poursuivit pas moins la
confection des tissus, et, pendant la disette
de 1817 surtout, elle triompha des douleurs
les plus vives pour travailler jour et nuit.
Pendant sept ans, le mal s'était envenimé à
tel point qu'il était considéré comme incu-

rable; on ne pouvait plus attendre qu'une augmentation de douleurs et assez prochainement la mort.

Trois plaies très profondes exigeaient beaucoup de linge pour le pansement. La Sœur Aimable désolée, bien moins de souffrir que de se voir dans l'impossibilité de continuer son travail, essentiel à la subsistance des Sœurs, vint un jour, en 1823, trouver sa Mère. Qu'allons-nous devenir, dit cette bonne Religieuse? Je ne puis plus travailler et je ne trouve plus un seul morceau de linge blanc pour panser mes plaies.

Consolez-vous, ma fille, dit la Supérieure; Dieu sait tout et il peut tout. J'ai encore un petit morceau de linge : je vais vous panser et nous allons demander au Seigneur, avec une ferme confiance, qu'il daigne vous guérir. Ce fut, en effet, le dernier appareil : quand on leva le petit linge, au bout de quelques heures, tout était cicatrisé et les douleurs avaient entièrement disparu. Elle défendit de rien dire de cette faveur merveilleuse. Depuis, la Sœur Aimable, qui n'a cessé de travailler, n'a rien revu de ce mal dont elle a toujours attribué la cure subite à la foi vive et à la sainteté de sa Mère.

Nous ne signalerons pas les conversions désespérées des parents de ses Filles, obtenues par son intercession : ces faits sont trop multipliés. Nous dirions bien comme la Supérieure : Nous n'en sommes pas surpris. Pendant plus de trente ans, toutes les Religieuses passaient successivement et sans interruption un jour entier en amende honorable, ayant une corde au cou et un scapulaire sur l'épaule. Celle qui était en fonction gardait le silence le plus absolu, seulement elle demandait, à genoux, son pain sec pour dîner, et elle prenait le repas dans cette posture, par humilité. Ce pieux exercice avait pour but de solliciter la conversion des pécheurs et surtout celle des parents de la Religieuse qui était chargée de l'amende honorable ; celle-ci faisait parfois à la Mère des recommandations confidentielles, et une aumône spéciale était pratiquée chaque jour à la même intention. Souvent des conversions inopinées et édifiantes sont venues récompenser visiblement la prière plus particulièrement faite par la Supérieure.

VIII.

FORMATION DE DIVERSES MAISONS.

On était arrivé jusqu'à l'année 1820, sans pouvoir fournir des Sœurs institutrices aux paroisses qui en auraient désiré. Trois maîtresses, dans la force de l'âge, avaient succombé à Octeville. La petite compagnie primitive avait encore été réduite par le décès de deux autres Sœurs. Les plus jeunes, ou étaient nouvellement reçues, ou avaient été forcément appliquées aux travaux manuels. Il avait d'ailleurs fallu pourvoir avant tout la Maison-Mère du personnel indispensable.

Néanmoins, M. l'abbé Cabart, qui était originaire de Tourlaville, insistait pour qu'on accordât deux Sœurs enseignantes à sa paroisse natale : il était convenable de donner cette satisfaction à ce bon Père. M. Legentilhomme, curé du lieu et ami du Supérieur, appuyait cette demande de tout son pouvoir. Un modeste local était même loué pour cette destination.

La docile et pieuse Fondatrice est dans une grande perplexité. Elle a toujours fait la volonté de son Père spirituel, excepté une fois, où, à Valognes, cette volonté lui semblait en opposition manifeste avec celle de Dieu. Elle voudrait bien obéir encore ; mais elle ne voit pas la possibilité de fournir deux Religieuses capables. Elle est, d'ailleurs, effrayée par les pertes qu'elle a éprouvées coup sur coup dans un premier envoi de Sœurs à Octeville. Peut-être la Providence ne veut-elle pas qu'elle s'occupe du dehors pour le moment. Elle désirerait connaître, dans de telles conjonctures, la volonté de Dieu. Cette grâce ne lui est point refusée. Un soir qu'elle venait de se mettre au lit, il lui sembla voir clairement la Sœur Euphrasie, la première même des trois Sœurs institutrices mortes à Octeville, et l'entendre lui dire : Ma Mère, commencez ! — Ma Fille, je n'ai personne. — Le lendemain, même vision ou apparition : Ma Mère, commencez, il est temps ! — Ma Fille, vous m'affligez. — Le jour suivant, la Sœur Euphrasie s'offrait à sa vue, du moins intérieurement, une troisième et dernière fois ; à la même invitation pressante elle ajouta : Vous avez suffisamment ;

envoyez Sœur Augustin et Sœur Euphrosine. — La Supérieure balançait précisément
parce que cette dernière était l'orpheline de
Savoie, recueillie à Cherbourg, et que Tourlaville est limitrophe de cette ville.

Dès le lendemain, la Supérieure s'empres-
sait de conduire ces deux pieuses Filles à
leur destination. En arrivant on ne trouva
qu'une maison vide, en assez mauvais état
de réparation. A l'aspect de ce dénuement,
les deux Sœurs se regardaient mutuelle-
ment d'un air inquiet et considéraient les
murailles avec tristesse. Ce n'est pas cela,
dit la Mère avec feu, qu'il faut considérer,
mais le trésor que voici, en montrant une
croix. Ne puis-je pas vous dire comme Notre-Seigneur à ses Apôtres : Quelque chose
vous a-t-il manqué? Elle confia à leur discrétion l'espèce d'apparition qu'elle avait
eue; elle ne savait pas plus que saint Paul
si elle était intérieure ou extérieure; mais
elle n'en doutait pas. Elle en a parlé dans
diverses occasions et seulement par utilité.
Elle en tirait la conclusion que Dieu voulait
l'envoi de ses Filles dans cette importante
paroisse. Le Supérieur, averti, envoya les

choses de première nécessité. Depuis que ces écoles sont établies, elles ont toujours prospéré sous tous les rapports. Les deux premières Sœurs ont attesté, ainsi que plusieurs Sœurs anciennes, la vérité des faits que nous venons de rapporter. Telle est l'origine de l'école de Tourlaville, qui eut bientôt pour annexe celle de la Glacerie, dans la même commune

M. l'abbé Cabart et M. de Tocqueville, père de l'ancien Ministre, encouragèrent cette fondation, en secondant, en 1825, l'achat d'une maison, qui est encore aujourd'hui la propriété des Sœurs, et en contribuant, à diverses reprises, aux dépenses de l'établissement. Le même Abbé fit aussi l'acquisition d'un petit terrain au pied de la montagne du Roule, afin d'y élever une école qui devait être aussi desservie par ses Sœurs. La mort l'ayant surpris avant la réalisation de ce dernier projet, l'emplacement acquis a servi plus tard à la création d'une église succursale dans ce quartier délaissé. Bientôt la bonne paroisse de Fresville, alors desservie par le respectable M. Collet, voulut aussi confier ses écoles à nos Sœurs. Là se

borna pour longtemps la diffusion de l'Institut.

IX.

MORT SUBITE DE M. L'ABBÉ CABART
ET DÉPART DE Mgr DANCEL POUR SON ÉVÊCHÉ.

L'année 1827 fut bien pénible à notre Supérieure. M. l'abbé Cabart mourut subitement
dans la Semaine Sainte, la veille même
du jour où il devait léguer à ses bien-aimées
Filles 20,000 francs qu'il possédait sur la
banque d'Angleterre, capital dont les annui-
tés étaient nécessaires à sa subsistance.
M. Dancel fut, la même année, nommé à
l'Evêché de Bayeux. Mlle Cabart, digne sœur
du Supérieur défunt et son héritière par-
tielle, voulut heureusement accomplir, autant que possible, les intentions de son frère;
elle donna 10,000 francs pour seconder l'établissement définitif de la Communauté, à
laquelle elle n'a cessé pendant sa vie de
rendre service.

M. l'abbé Dancel avait fait placer à Tamer-

ville un Vicaire qui lui inspirait toute confiance, M. Lerenard. Avant de partir pour
son Evêché de Bayeux, il le constitua Directeur ordinaire de nos Sœurs, qu'il recommanda vivement à son successeur, M. l'abbé
Roulland. Il conserva, par intérêt et atta-
chement tout particuliers, de l'agrément de
qui de droit, le titre de Supérieur jusqu'à son
décès.

La piété, la noble simplicité du Vicaire,
comme sa rare capacité administrative,
frappent et consolent notre vénérée Supérieure. M. Lerenard, touché de tant de vertus
héroïques, s'attache à l'œuvre et s'y dévoue
sans réserve, avec le plus complet désintéressement. Il en sera désormais le plus
solide appui.

On fit sentir à la vénérée Supérieure la
grande utilité de remplir les formalités
voulues pour recueillir les avantages de la
loi de 1825 sur les Communautés religieuses.
Une des principales conditions de la reconnaissance légale était la possession d'un
local convenable à usage de Maison-Mère.
M. le baron de Plaisance, fils de M. l'Archi-

trésorier, était disposé à se prêter, par
estime toute particulière pour nos Sœurs et
dans l'intérêt de Tamerville, aux exigences
de la loi. Mais la révolution de 1830 fit ajour-
ner tout projet d'acquisition.

Aux diverses professions faites, en présence de M. Danoel, surtout en 1820, 1823,
1825 et 1826, s'étaient ajoutés les vœux reçus
en 1829 par M. l'abbé Roulland, son successeur à Valognes ; on voyait de plus en plus
la nécessité d'une autre Maison-Mère.

En 1832, quelques Postulantes se présen-
taient encore : on était rassuré sur les événements publics. L'urgence d'un nouveau
local était devenue si grande, que notre
Supérieure pria M. Lerenard de partir et de
chercher jusqu'à ce qu'il eût découvert une
maison convenable. Le Seigneur, dit-elle,
sait qu'il nous faut un asile : cherchez bien
et vous le trouverez.

X.

ACQUISITION DE L'ABBAYE DE SAINT - SAUVEUR.

L'abbaye de Saint-Sauveur avait été mise
en vente vers 1824. Notre Supérieure s'était
sentie pressée d'un vif désir d'en faire l'acquisition ; mais alors elle était dénuée de
toutes ressources.

Il n'était plus question de revendre cet important immeuble en 1832 ; mais diverses circonstances et notamment l'absence de toute
Communauté dans cette charmante petite
ville, le bruit répandu que l'ancien château du
Quesnoy était à vendre, déterminèrent M. le
Chapelain, accompagné de M. le Curé de
Lieusaint et de M. Gilles, jeune, à faire une
excursion à ce château sis en Saint-Sauveur.
Le prix demandé était effrayant ; on ne voulait d'ailleurs vendre que la moitié des lo-
caux. Or, il eût été inconvenant d'établir une
Communauté tout près d'une vaste ferme et
au centre d'une grande exploitation. Le vénérable M. de Boisval, alors Curé de l'en-

droit, qui avait tressailli de joie à la pensée
que nos Religieuses pouvaient venir édifier
son cher troupeau, confia aux visiteurs qu'il
pouvait se faire que M. Estébé voulût bien
revendre son Abbaye. Ils vont vers ce Monsieur qui était à travailler dans ses champs :
ils tentent la fortune par l'intermédiaire
de M. Gilles. Le propriétaire, partant, sans
doute du chiffre de son acquêt, 24,000 fr.,
fixe un prix très modéré, 50,000 fr. ; malheureusement on n'accepte pas sur le
champ. Quand on revient le lendemain, dix-
huit mille francs sont demandés en plus,
c'est-à-dire 68,000 fr. ! Mais, vu surtout que
le capital pouvait être converti en rente et
que l'immeuble valait bien 100,000 fr., l'acquisition n'en était pas moins très avanta-
geuse à nos pauvres Religieuses. M. Gilles,
aîné, pressait encore de faire l'acquisition à
ces conditions nouvelles.

Notre Supérieure, avertie de ce qui se passe,
se recommande avec toute l'ardeur de sa foi
à saint Joseph, elle se consacre à lui ainsi
que tout son Institut ; elle lui confie le succès
de cette affaire, si telle est la volonté de Dieu
qu'elle désire vivement connaître et exé-

cuter. Elle a encore un de ces songes qui, disait-elle, sont bien distincts des autres : elle les comparait à ceux par lesquels le Ciel a parfois clairement averti les plus saints personnages et dont l'Ecriture nous fournit tant d'exemples. Joseph aussi, racontant son fameux songe à ses frères, ne le confondait pas avec les rêves ordinaires. La vie de notre vénérée Mère en offre trois semblables dans de graves circonstances, où elle avait besoin d'être éclairée ou dirigée par le Ciel. Elle voit l'Abbaye ; elle s'avance pour en prendre possession. Une de ses voisines l'accompagne : sous les murs, un pas périlleux se présente, il est très difficile à franchir. Sa compagne, lui offrant la main pour passer, s'enfonce et disparaît ; néanmoins la Supérieure passe seule sans encombres et arrive à la chère Abbaye.

Au retour de M. l'abbé Lerenard, elle dit : Le marché est déjà écrit dans le ciel ; elle part avec la fidèle Sœur Marie. En arrivant au pied du mur de l'ancien enclos des Religieux, la Supérieure s'arrête tout court et dit à sa compagne : Voilà bien les lieux, voilà bien le mauvais passage, absolument tels

que je les voyais la nuit dernière : voilà l'or-
nière même où Mme X. disparaissait en me
tendant la main : j'en frémis encore. La
bonne Sœur Marie ne pouvait se rappeler
l'impression de sa Mère et ce qu'elle éprouva
elle-même, sans verser des larmes.

Nous n'eussions pas tant insisté sur ce
trait sans quelques circonstances que nous
allons rapporter. La dame dont il s'agit dans
cette sorte de vision avait demandé, quelques jours auparavant, à venir passer le
reste de sa vie dans la société de nos chères
Sœurs ; entendant parler du projet d'acquérir l'abbaye de Saint-Sauveur, elle se félicitait d'y suivre les Religieuses. Elle con-
tractait l'engagement de confondre son mobilier avec le leur. Or, on estimait le tout à
une dizaine de mille francs. Il était donc
naturel que la Supérieure et l'Econome
comptassent un peu sur cet appui qui pouvait leur apparaître comme providentiel.
Mais cette personne, âgée et défiante, ne fit
porter à Tamerville que quelques meubles
usés et sans valeur, et elle déposa chez des
confidentes ce qu'elle avait de bon, se proposant peut-être, il faut le supposer charita-

blement, d'en faire la remise plus tard. Quoi qu'il en soit, elle mourut peu après ce que nous venons de rapporter, avant d'arriver même à Tamerville. Tout se révéla à son décès, et la Supérieure rendit les quelques meubles qu'elle venait de recevoir. Il ne lui restait donc plus qu'à franchir sans cet appui le pas difficile pour arriver à l'Abbaye, si telle était la volonté du Seigneur. Elle avait besoin de signes surhumains ; il paraît que Dieu ne les lui refusa pas.

Revenons à la première visite que fait notre Supérieure à l'Abbaye. Elle y entre suivie de la chère Sœur Marie. Après un premier entretien avec le propriétaire, elle se rend seule au milieu des ruines de l'église, pour les contempler et gémir. Plus tout était délabré, et plus elle sentait s'accroître en elle le désir ardent de vivre désormais et de mourir dans cet antique monastère. A l'instant même elle improvisa quatre couplets, conservés dans le souvenir des Sœurs, auxquelles elle les chantait encore dans les derniers temps de sa vie. Ils expriment, dans leur grande simplicité, quelques-uns des sentiments de son âme

7

saintement ardente. Nous allons les reproduire.

Au seul aspect de ce saint édifice,
Nos cœurs sont pleins de douleur et d'amour :
Nous désirons que le saint Sacrifice
Y soit offert et la nuit et le jour.
Mais en retour de ces faveurs extrêmes,
Sachons à Dieu nous immoler nous-mêmes.

Sur ces débris qu'une simple chapelle
Serve du moins à calmer nos désirs :
Gémissons-y comme la tourterelle,
Devant Dieu seul, objet de nos soupirs.
Ce sont nos vœux, comme notre espérance :
Exaucez-nous, Dieu de toute clémence.

Religieux, dont les cendres reposent
Dans ces lieux saints, autrefois consacrés
Par les travaux que vos règles imposent,
Par vos vertus et par vos chants sacrés ;
Obtenez-nous que, dans cette retraite,
Vous imitant, chaque sœur soit parfaite.

Très chaste époux de notre sainte Mère,
Ange du ciel et Père du Sauveur,
Grand saint Joseph, en qui mon âme espère,
Je vous demande une seule faveur :
De votre main recevons l'Abbaye,
Pour y servir et Jésus et Marie.

La Supérieure rentre à l'Abbaye, et aussitôt le marché se conclut; le compromis est bientôt suivi du contrat solennel. La Communauté, sous le nom de Sœur Marie, économe, devient propriétaire de cet antique monastère, à l'époque des Rois 1832. On fixe, pour en prendre possession définitive, le jour sainte Thérèse de la même année. Notre Supérieure avait mille traits de ressemblance avec cette célèbre Fondatrice et avait pour elle la plus grande dévotion.

XI.

DE L'ABBAYE DE SAINT-SAUVEUR.

Il convient de donner, en passant, quelques notions historiques sur l'Abbaye de Saint-Sauveur-le-Vicomte. Nous prendrons pour guide le savant M. de Gerville, qui a puisé aux sources mêmes de l'histoire locale.

Dès 998, Richard II, descendant de celui auquel le duc Rol avait donné les domaines de Saint-Sauveur et de Néhou, avait fondé une Collégiale dans son château de Saint-Sauveur-le-Vicomte. Le premier des Néel qui lui avait succédé, avait augmenté ce pieux Etablissement. En 1049, un autre Néel supprima la Collégiale du château et la remplaça par une Abbaye de Bénédictins.

Ce Monastère, trop à l'étroit dans l'enceinte du château, fut transféré, en 1067, au lieu où nous en voyons aujourd'hui les débris. Roger, frère du Fondateur, commença les bâtiments. Jourdain Tesson, devenu possesseur de la baronnie de Saint-Sauveur par son mariage avec la fille unique du dernier des Néel, continua les travaux; néanmoins la consécration de l'église n'eut lieu qu'après 1150.

Cette même baronnie passa dans la famille d'Harcourt, par le mariage célébré en 1198, de la fille unique du fils aîné de Jourdain Tesson avec Richard d'Harcourt. Les armes de cette dernière famille, que l'on voyait tout récemment encore à la voûte méridionale du transept, conduisent M. de Gerville à conclure, ce qui n'a rien d'étonnant, que,

lors de la consécration, l'église abbatiale
n'était pas entièrement terminée, mais
qu'elle fut le travail successif de Roger, de
Néel le jeune, et des d'Harcourt.

« Ces derniers qui possédèrent paisible-
» ment le domaine de Saint-Sauveur jus-
» qu'au milieu du XIVe siècle, firent de
» grands dons et de grandes augmentations
» à l'Abbaye. Le cartulaire est plein des
» Chartes qu'ils donnèrent en faveur de
» cette maison ; les principales sont celles
» de Jean d'Harcourt, en 1254, 1255, 1278, et
» celles de Robert, d'abord Archidiacre, puis
» Evêque de Coutances ; celles-ci vont de
» 1290 jusqu'en 1300. » Ce fut le même
Robert qui fonda à Paris le Collège qui portait son nom. Une voie ferrée, récemment
détruite, conduisait directement les habitants du château, à travers les prairies des
Bénédictins, à la chapelle qui leur était ré-
servée dans l'église abbatiale. On compte
aussi parmi les principaux bienfaiteurs de
ces anciens temps, les familles d'Aigneaux,
d'Auvers, d'Anisy, de Bruiz, de Carbonnel,
de Clinchamp, de l'Epesse, de Hennot, de
Morville, de Montbray, d'Ozouville, de Re-

viers, de Semilly, du Saucey, de Saint-Jean,
de Saint-Quentin, de Taillepié, de Thibou-
ville, de Vernon et d'autres encore dont le
détail serait trop long. (Voir le cartulaire
aux archives départementales.)

Eude Rigaud, archevêque de Rouen, visitant l'abbaye de Saint-Sauveur, en 1256, y
trouva trente Religieux prêtres. Il n'y en
avait plus que vingt-cinq lors de sa seconde
visite, en 1266. Le Prélat dit que, grâce à
Dieu, le spirituel ainsi que le temporel de la
maison étaient en bon état.

« Après deux siècles de tranquillité et
» d'accroissements progressifs, cette Abbaye
» éprouva une longue suite de désastres et
» de misères. Robert d'Harcourt, qui avait
» tout fait pour elle, mourut en 1315. Son
» neveu Geoffroy se révolta contre Philippe
» de Valois, amena les Anglais dans sa
» patrie et la couvrit de deuil et d'horreurs.
» Ce seigneur, après avoir débuté d'une ma-
» nière brillante dans la carrière des armes,
» tourna contre son pays ses talents et son
» courage. Il livra aux Anglais son château
» de Saint-Sauveur; ils en firent une place

» d'armes importante, dont la nombreuse
» garnison désola toute la basse Normandie.

» Après la bataille de Poitiers, Geoffroy
» d'Harcourt, maître de la campagne, faisait
» le siège de Coutances quand l'armée
» envoyée par le Régent et les Etats du
» royaume fit abandonner cette entreprise.
» Forcé de combattre contre des troupes
» supérieures, Geoffroy fut vaincu et tué ;
» mais il avait donné le château de Saint-
» Sauveur au Roi d'Angleterre. Un traité
» désavantageux à la France (le traité de
» Brétigny) confirma cette donation. Une
» garnison anglaise fut mise dans ce châ-
» teau ; le fameux Jean Chandos en devint
» possesseur ; il le fortifia avec beaucoup de
» soin, et fit détruire l'Abbaye dont le voisi-
» nage pouvait lui être nuisible.

» En examinant les ruines actuelles de
» l'église, on voit que, si elle ne fut pas
» entièrement détruite, elle souffrit beau-
» coup. »

Depuis 1376, époque de la mort de Pierre
Langlois, Abbé dès le temps des désastres

que nous venons de rapporter, et jusqu'en 1450, l'Abbaye fut dans une détresse
telle qu'on ne put songer à la relever de ses
ruines. Thomas Lebégard, dix-neuvième
Abbé, et Denis Loguet, son successeur, qui
vivait encore en 1394, obtinrent de la cour
de Rome l'exemption des Annates.

On lira ici avec intérêt l'extrait d'une enquête faite, en 1422, par l'Official de Valognes, sur les pertes essuyées par l'Abbaye
pendant les guerres entre la France et l'Angleterre. Cette enquête, dressée par ordre
des Etats de Normandie, est conservée dans
les Archives départementales de la Manche;
elle est sur un rouleau de parchemin qui a
vingt pieds de longueur.

« Quelques années avant le siège du château, les Anglais ayant fait détruire l'Abbaye
et les bâtiments voisins, de peur que les
Français ne s'y logeassent pour les incom-
moder,... des Religieux de Saint-Sauveur se
retirèrent d'abord à l'Abbaye de Cherbourg,
ensuite à Jersey, où ils avaient quelques revenus; d'autres étaient allés chercher dans
des Monastères étrangers une subsistance

qu'ils ne pouvaient plus avoir dans le leur...
A leur retour, l'Abbé et ses Religieux avaient
trouvé leur maison en ruine., A l'époque de
l'enquête, malgré tous leurs efforts et toute
la dépense qu'ils avaient pu faire, ils étaient
encore contraints de célébrer l'Office divin
dans le Réfectoire.... Les Anglais avaient
emporté dans le château, où ils étaient en
garnison, jusqu'à des pierres de taille de
l'Abbaye, pour les lancer avec leurs ma-
chines contre les assiégeants... Les Religieux
et l'Abbé, qui s'étaient réfugiés à Jersey,
avaient été forcés d'abandonner cette retraite, parce que le roi d'Angleterre y avait
fait séquestrer leurs biens... Les premiers
Moines qui étaient revenus à l'Abbaye y
avaient fait construire un appentis contre
un mur ; ils y faisaient du feu pour leur cui-
sine et couchaient sous quelques voûtes qui
avaient échappé à la démolition. Un des témoins dépose devant l'Official que ces Religieux étaient réduits à un tel degré de détresse, qu'il ne leur restait pas de quoi
acheter un morceau de viande quelconque. »

Après l'expulsion des Anglais, Jean Caillot,
nommé Abbé en 1451, fit restaurer le Monas-

tère. Les murs et une partie de l'église sub-
sistaient encore ; il est facile de s'en con-
vaincre en examinant les ruines actuelles.
On voit aisément que les arcades de la nef
près de la tour furent refaites alors. On y
ajouta des ornements et des accessoires
étrangers à l'architecture primitive. On subs-
titua au sanctuaire roman un nouveau sanctuaire d'une finesse remarquable : il a de
l'analogie avec celui de la magnifique église
du Mont-Saint-Michel. Cette addition produi-
sit d'abord l'effet d'une chapelle, les Religieux ayant laissé l'autel là où il était avant
le prolongement du chœur.

« La démolition des bâtiments est avancée,
» ajoutait M. de Gerville ; elle serait proba-
» blement terminée, si la vente des maté-
» riaux et surtout des pierres de taille était
» aussi prompte à Saint-Sauveur qu'à Monte-
» bourg.... La maison des Religieux est dé-
» truite. L'Abbatiale subsiste encore, tout est
» dans un triste délaissement. »

Tel était, en 1825, l'état de l'Abbaye de
Saint-Sauveur. Le temps et les démolisseurs
ne cessaient d'opérer. Il est à remarquer que

l'église avait été nationalement vendue à part, à charge de la démolir dans un bref délai, d'en enlever les matériaux et d'en livrer le sol à l'acquéreur du reste de l'enclos monacal. En 1831, un touriste anglais connu, M. Gally-Knight, visitait les ruines de cet antique Monastère : le mal était devenu de plus en plus irréparable. Les bâtiments du couvent, écrit-il, c'est-à-dire l'Abbatiale, seule subsistant alors avec quelques accessoires, sont encore debout, mais leurs toits n'abritent plus de Moines; ils ont changé de maîtres et sont tombés dans un délabrement pénible à voir.

« L'Eglise est en ruines et *il n'en restera* » *bientôt plus de traces*. Nous aperçûmes l'in» dividu qui en est actuellement propriétaire, » perché sur ses murailles et occupé à en » enlever les pierres pour les faire servir à » ses propres constructions. » Ce propriétaire démolisseur, malgré la vente effectuée de tout ce qui avait quelque valeur dans cette belle basilique, ferrures, charpente, pierre de taille des gouttières et des contreforts, perdait beaucoup plus qu'il ne gagnait dans cette œuvre de destruction. Combien de chefs-d'œuvre d'architecture ont à jamais disparu par suite de la fureur impie du dernier siècle ! Malheur à ceux qui les premiers portèrent une main sacrilège sur nos autels ! Les Pontifes lancèrent toutes sortes de malédictions contre les profanateurs des temples qu'ils avaient consacrés autrefois ; ces anathèmes, purement prophétiques et étrangers aux vrais désirs de l'Eglise, se sont encore visiblement réalisés de nos jours. Ce sera, il faut l'espérer, une sévère et utile leçon pour les âges à venir.

La longueur totale de l'église abbatiale était à peu près de soixante-six mètres, y compris l'épaisseur des murs. Les bas-côtés du chœur expiraient à la naissance du sanctuaire.

Le style roman régnait dans toute l'étendue de cette basilique jusqu'à la hauteur du *Triforium*. Au-dessus, c'était en grande partie le style ogival du commencement du XIII° siècle. Quelques restaurations, additions ou reconstructions, partielles révèlent les travaux du XV° siècle.

XII.

INSTALLATION DE LA SŒUR MARIE-MADELEINE ET DE SES FILLES DANS L'ABBAYE DE SAINT-SAUVEUR.

Lorsque nos chères Sœurs prirent possession de l'Abbaye de Saint-Sauveur, tout ce qui était encore debout se trouvait donc dans un état de complet délabrement. Il ne restait de l'église que quelques magnifiques débris; la maison abbatiale n'avait pour ainsi dire plus ni portes ni fenêtres; les ouvertures étaient bouchées avec des épines. Les couvertures étaient détruites; la pluie tombait dans les appartements. Les planchers s'étaient affaissés les uns sur les autres. Il n'y avait de solide, ce qui était déjà important, que les murs extérieurs.

Le premier soin de notre Supérieure fut de préparer une chapelle provisoire : elle l'établit dans l'ancienne bibliothèque de l'Abbé, et on la bénit le jour même de la Dédicace.

Ce fut aussi le jour de l'installation de
M. l'abbé Lerenard, qui devint, avec un désintéressement vraiment religieux, le Chapelain et le Père de la Communauté.

Des ordres furent donnés pour qu'on ap-
propriât au plus tôt, à usage de chapelle,
deux travées du bas-côté du midi, les seules
demeurées intactes, parce qu'elles se trou-
vent engagées sous l'extrémité de l'Abbatiale, qui est en ligne du portail et accolée
à la côtière de la grande nef.

La Supérieure exhorte toute la Communauté, composée de quatorze Religieuses, à
faire continuellement amende honorable
pour toutes les profanations révolutionnaires et surtout pour la destruction presque totale de l'église et du monastère dont
elle prend possession. Si nous sommes
fidèles à notre vocation, s'écrie-t-elle, tout
sera réparé : elle se met à l'œuvre et inspire
à ses compagnes la plus incroyable ardeur.
Elle s'entend à merveille avec sa fidèle Économe, et pour la distribution des obédiences
et pour le prompt et parfait accomplissement de la tâche de chacune des Sœurs.

Le principal jardin de l'Abbaye avait été planté en pommiers, comme on dit, à fonds perdu ; les arbres sont en plein rapport : va-t-on les abattre et priver la Communauté, si pauvre, de cette précieuse ressource ? Non, certes ! On se contente provisoirement du petit jardin dit du fermier. Quelque temps après, ce potager devient insuffisant : on conçoit le projet d'y adjoindre un terrain marécageux d'environ un hectare d'étendue. La Mère approuve et bénit l'entreprise. La Sœur jardinière, secondée par plusieurs autres Sœurs, poursuit sa tâche dans la plus mauvaise saison : c'est à l'époque de Noël que nos Sœurs ont les pieds dans l'eau pour remblayer le terrain, de plus d'un mètre dans certains endroits. Elles veulent qu'il soit mis en état de rapport pour le printemps suivant. Guidées par l'habile Chapelain, elles creusent un cours régulier aux eaux et appliquent à ce terrain le système de drainage ; il devient un des plus fertiles jardins de la contrée. La Sœur jardinière ne perd pas une minute, quelle que soit la saison ; elle fait produire à chaque mètre de terre, tous les ans, deux et trois récoltes. Elle fait tout le travail seule, sauf la taille des arbres ; seulement les domestiques approchent les engrais de la porte du jardin. Elle promet de suffire à cette lourde tâche. Elle a tenu parole pendant plus de vingt ans.

Elle vint pourtant, en 1844, dire un matin à sa vénérée Mère qu'elle commençait à vieillir, qu'elle avait plus de cinquante ans, qu'elle sentait le poids du travail et des années, qu'elle implorerait sans doute bientôt ou un changement d'obédience ou le concours de quelque Sœur vigoureuse. Vous vieillissez, ma Fille ! lui dit la Supérieure ; il y a bientôt quarante ans que j'avais votre âge, et j'ai supporté, vous le savez, de rudes travaux depuis cette époque. Je n'ai en ce moment personne à vous donner pour vous seconder ; mais je vais tout à l'heure vous aider moi-même. Ce qu'elle fit ce jour-là malgré les supplications de la jardinière confuse. Elle m'a redonné, disait celle-ci, au moins pour dix ans de force et de courage !

Les autres obédiences reçoivent de notre Supérieure une impulsion semblable : les tissus, le tricot, la couture, le blanchissage, les broderies de tout genre, reprennent leur activité. Les travaux de l'agriculture, dans une juste et convenable proportion, les soins d'une énorme basse-cour s'ajoutent à toutes les occupations antérieures. La Mère répète souvent à ses Filles, après saint Bernard, qu'un Religieux qui ne travaille pas n'est pas digne d'être Religieux.

M. le Chapelain, par sa direction si habile, triple, quadruple même le revenu de la terre qui était comme frappée de stérilité dans les mains profanes! Les domestiques nécessairement adjoints sont bien choisis et ne perdent pas un instant. Les maisons sortent de leurs ruines. Quelques dames pieuses et riches préparent à leurs frais des appartements qu'elles doivent occuper ; elles concourent aussi à de larges aumônes qu'il est si doux pour le cœur de notre vénérée Supérieure de distribuer. L'instruction gratuite est immédiatement donnée à toutes les petites filles pauvres de Saint-Sauveur et des environs ; des orphelines sont recueillies et élevées ; un pensionnat solide de jeunes personnes aisées se forme. Cette pieuse et belle solitude se ranime. L'ardeur de la magnanime Fondatrice est surexcitée par le souvenir des sueurs, des prières et des vertus des Religieux qui ont habité cette maison et cultivé cette terre pendant tant de siècles, et surtout par le besoin de rendre à Dieu ce qui lui avait été ravi.

L'église était devenue, dès le premier jour, l'objet constant de tous ses vœux. Prions, disait-elle, au pied de ces déplorables et magnifiques ruines : ayons confiance ; Dieu veut que nous relevions son temple ; il faut qu'il rentre dans sa maison ; nous ne le laisserons pas toujours dans un corridor. Elle ne voyait pas de possibilité pour le moment ; elle avait une inébranlable confiance pour l'avenir. En attendant, elle recueillait avec soin et plaçait dans son appartement, autour d'elle, tous les fragments précieux de sculpture ayant appartenu à la chère église.

Peu après cette prise de possession de l'Abbaye, Mgr Dancel vint faire une visite, qui fut la dernière, à ses chères Filles de la Miséricorde. Ah ! disait-il encore en revenant, comme il l'avait déjà répété tant d'autres fois, si on savait tout ce qu'il y a de

sublime dans l'âme de la Supérieure, tout ce
qu'il y a de merveilleux dans sa vie ! Mais
elle ne veut pas qu'on parle d'elle : le faire,
ce serait lui donner la mort. Dieu, du reste,
en sera certainement glorifié plus tard.

Le 20 mai 1833, notre Supérieure adressa
une supplique pleine de modestie à M⁼ʳ Dupont ; voici en quels termes : « Vos pauvres
» Filles de la Miséricorde, que la Providence
» a daigné conduire à Saint-Sauveur-le-Vi-
» comte, pour y pleurer sur les ruines de
» son antique Abbaye et y faire jour et nuit
» amende honorable, supplient Votre Gran-
» deur de leur accorder la permission de
» chanter la Messe et les Vêpres, tous les
» Dimanches et jours de Fêtes, dans une
» modeste Chapelle décemment ornée. Elles
» vous supplient en même temps de leur
» accorder les privilèges spirituels dont
» jouissent les fidèles dans le monde. »
Vient ensuite l'énumération des Saluts du
Saint-Sacrement qu'elle désire avoir la permission de faire célébrer. Elle termine en
disant : « Nous sollicitons le tout pour la
» plus grande gloire de Dieu, avec pleine et
» entière soumission à la volonté de Votre

» Grandeur. » La demande, transmise par le vénérable Curé de Saint-Sauveur, fut immédiatement octroyée.

Cinq ans entiers se passèrent à l'Abbaye sans nouvelles professions, sauf celle de la Sœur Céleste, dont M. l'abbé Boisval, curé de Saint-Sauveur, reçut les vœux, par autorisation de Mgr Dupont, le 22 août 1834, deux jours avant le décès de la chère Sœur.

La vénérée Supérieure avait donné l'habit, sans solennité, le jour même de la prise de possession de l'Abbaye, aux Sœurs Joseph et Thérèse.

Le 1er mai 1835, elle accorde la même faveur à la chère Sœur Placide, qui devait plus tard lui succéder, et aux Sœurs Virginie, Geneviève, Céleste, Appoline, Pélagie, et à quatre autres Postulantes. Les maisons de Tamerville, de Tourlaville et de Fresville continuent d'être desservies ; vers la fin de cette période, des Sœurs sont appelées pour la tenue des écoles de Cerisy-la-Salle. Là s'arrête de nouveau, pour un temps, la diffusion de l'Institut.

Comme il avait fallu employer beaucoup
de bras dans les travaux manuels, on
croyait au-dehors que tout tendait à se
transformer en une espèce de Trappe : l'aus
térité des Religieuses était exagérée dans le
monde. Quelques personnes craignaient que
la maison ne se ruinât et qu'on n'y fût privé
du nécessaire en attendant une dispersion
finale. De là peu de Postulantes, et peu ou
point de demandes pour la direction de nouvelles écoles. Il résultait un avantage de ces
préjugés : on entrait dans la Communauté
avec plus de vraie vocation et de dévouement ; on n'avait pas la peine d'en écarter
les lâches et les tièdes. Heureusement la
mortalité fut comme suspendue dans le
petit Institut : on fut plus de dix ans sans
avoir un seul décès à déplorer.

XIII.

DERNIÈRE TRANSFORMATION ET CONSTITUTIONS DÉFINITIVES DE L'INSTITUT DE LA SŒUR MARIE-MADELEINE.

Depuis la mort de Mgr Dancel, évêque de Bayeux, arrivée en 1836, notre Supérieure désirait ardemment avoir pour Supérieur immédiat M. l'abbé Delamare, Vicaire-Général de Coutances. Cet ecclésiastique n'avait eu que peu d'occasions de la voir; elle ne lui était cependant point étrangère : il était proche parent de M. Hébert, ancien curé de Barfleur, et il avait eu l'avantage de vivre à Valognes dans l'intimité de Mgr Dancel. L'un et l'autre l'avaient maintes fois entretenu des sublimes vertus de Julie Postel et lui avaient communiqué leur vénération profonde pour cette étonnante Supérieure. S'il n'avait pas obéi au désir cent fois renaissant de faire sa connaissance plus particulière, il ne faut l'attribuer qu'à la discrétion que lui imposait l'amour si vif et si

pur de cette admirable Religieuse pour la
vie cachée et intérieure. Autant elle était
affable envers les personnes qui avaient un
motif réel de converser avec elle, autant elle
était silencieuse quand la visite qui lui était
faite lui apparaissait comme inutile. Un
jour, un ancien Frère des Ecoles Chrétiennes était venu lui offrir ses hommages,
sans doute pour s'édifier. Elle, habituelle-
ment si polie et si gracieuse, ne lui répondit
que par monosyllabes; elle ne lui offrit
même pas de s'asseoir. Il se retira tout in-
terdit. La chère Sœur Econome se permit
d'en faire quelques reproches pleins de respect à sa Mère. S'il est saint, répondit-elle,
il n'a pas affaire de moi, et s'il ne l'est pas,
je n'ai pas affaire de lui !

La Sœur Marie-Madeleine fait exprimer,
au mois d'août 1837, ses humbles vœux à
M. Delamare ainsi qu'à Monseigneur de Coutances, par M. Avice, nouveau curé de Saint-
Sauveur-le-Vicomte, accompagné du digne
Chapelain, M. Lerenard. M. le Vicaire-Général hésite, vu la distance des lieux et aussi
à cause des occupations nombreuses atta-
chées à sa charge. Mais le désir de Mgr l'Evê-

que, qui délègue plus spécialemeut encore
son Grand-Vicaire, et celui de la Supérieure,
deviennent une loi à laquelle du reste il est
doux et avantageux d'obéir ; on gagne tant à
converser et à opérer avec les Saints ! Outre
l'édification, vous obtenez des grâces dans
l'intérêt de leurs œuvres, et il ne tient qu'à
vous d'en profiter. Le nouveau Supérieur
ecclésiastique se rend donc à la chère Abbaye. Connaissant la plupart des faits qui
précèdent et d'autres encore, il a l'intime
conviction que le doigt de Dieu est là et que
la Providence veut la conservation et même
le développement de la fervente Société
fondée par Julie Postel.

Il est impossible de rendre la simplicité et
la dignité vraiment célestes de la vénérée
Supérieure. Ce n'était pas l'homme qu'elle
recevait, mais le représentant de l'Eglise ;
elle se mit à genoux pour recevoir la bénédiction de l'envoyé de Dieu. Elle faisait
renouveler cette bénédiction chaque fois
qu'elle en trouvait l'occasion favorable. Si
extérieurement elle portait quelques traces
de ses quatre-vingt-deux ans, l'esprit était
aussi vif, aussi actif, aussi pénétrant que

dans la plus grande vigueur de la jeunesse.

Rien de plus facile que de s'entendre avec elle, pourvu que le langage fût exclusivement celui de la Croix : jamais ombre de susceptibilité; jamais d'autre préoccupation que celle de Dieu et de son œuvre. Point de paroles inutiles : la foi et la charité avaient éteint toutes les divagations et les inutilités de l'imagination, de laquelle le tableau si vivant du ciel avait comme effacé toute image de ce monde fugitif.

Pour le temporel, la Sœur Marie est là : elle sait tout : il y a de deux à trois mille francs de dettes; mais plus de vingt mille francs de travaux extraordinaires récemment payés prouvent que l'on est en voie de prospérité; car l'article 1ᵉʳ du temporel est que la Congrégation ne devra jamais avoir de superflu.

Quant à la reconnaissance civile de la Communauté, la Supérieure comprend qu'elle est utile pour assurer aux Sœurs leur cher asile : elle n'y attache néanmoins qu'une importance secondaire. Du reste, elle n'a pas à s'en occuper le moins du monde ; c'est l'affaire du Supérieur, elle s'en repose entièrement sur lui : encore un article réglé !

Le personnel, composé de vingt - cinq Sœurs et Novices, est satisfaisant pour elle. Toutes ont, à son estime, les vertus religieuses essentielles. S'il existe quelques imperfections de caractère, c'est tout naturel ; il faut en bénir Dieu : chacune a ses défauts, et c'est par la patience mutuelle, à l'occasion de ces petites misères, qu'on pratique la charité et qu'on mérite le ciel.

On arrive ainsi, en quelques instants, aux Constitutions. Voilà, dit la Supérieure, ce que j'ai écrit, il y a plus de trente ans, en montrant ses Constitutions autographes que nous avons reproduites plus haut ; c'est bien incomplet. Mais, ajouta-t-elle avec un doux et ferme accent d'inspiration, il m'a été dit que je devais en demeurer là et que je recevrais une règle, approuvée par l'Eglise, d'un Supérieur ecclésiastique qui doit nous donner également le voile religieux. Aussi, après avoir taillé des voiles dans le temps où j'ai écrit la règle, je les ai mis de côté sans en faire usage, attendant patiemment le moment marqué par la Providence. Ce moment est arrivé ; je savais bien que vous deviez venir, ajouta-t-elle encore en portant sur le Supérieur un regard d'intelligence. Ceci fut en effet compris par des motifs qu'il serait indiscret de dévoiler ici.

Le Supérieur se borna à lui répondre : qu'il donnerait, non pas des règles nouvelles, composées par lui, mais celles que le Saint-Siège a sanctionnées et enrichies d'indulgences, en faveur des Fils de M. de la Salle ; qu'il avait depuis bien des années le pressant désir de rencontrer une Congrégation de femmes qui goûtât ces règles ; que, si telle était l'opinion de la Fondatrice, dont l'inspiration devait faire loi, on adopterait purement et simplement ces constitutions qui lui semblaient en parfaite harmonie avec les habitudes, l'esprit et le but de la Communauté. La vénérable Supérieure dit avec joie : C'est cela même ; c'est bien la pensée de Dieu. Mes Sœurs et moi nous renouvellerons nos vœux perpétuels d'obéissance à ces constitutions, et tout sera réglé. — Et nous vous donnerons le voile, dit le Supérieur, et nous compléterons le costume religieux. — Oui, certes, dit la Très Honorée ; c'est aussi prédit.

Il fut bien convenu : 1°, que toutes feraient l'étude de ces saintes règles et les pratiqueraient immédiatement ; que les nouveaux vœux seraient ainsi précédés d'un noviciat général ; 2°, que l'obligation d'instruire gratuitement ne s'étendrait qu'aux pauvres, selon l'esprit primitif de la règle et les termes du Saint-Siège dans la bulle d'institution ; 3°, que les Religieuses seraient Sœurs et non Filles des Frères des Ecoles Chrétiennes ; que le Souverain Pontife serait le lien et le Père commun ; 4°, que les Sœurs, pourvu qu'elles suivissent toutes les règles tracées dans ces mêmes constitutions pour les changements ou innovations, seraient libres d'en opérer dans le développement de leur vie propre et particulière ; qu'elles ne s'instruiraient qu'à titre de renseignements, et seulement par la très honorée Supérieure, des améliorations de tout genre régulièrement adoptées par les Frères ;

5°, que les Sœurs continueraient d'être hos-
pitalières; 6°, qu'elles se tiendraient toujours
en défiance contre l'altération de l'esprit
primitif de pauvreté et d'abnégation, altération qui pourrait se glisser insensiblement,
par le laps du temps, dans leur Institut, si
on n'était pas toujours sur ses gardes. Ces
craintes, chez la Supérieure, s'appliquaient
surtout à la simplicité du vêtement, de la
nourriture et du logement. Qu'on ne parle
jamais de beaux appartements, disait-elle
avec énergie; pour moi, j'irais faire l'école
aux pauvres d'un village, si l'obéissance
m'y appelait, et je me contenterais du portail ou porche de l'église, s'il n'y avait pas
d'autre endroit, et qu'on voulût bien m'y
souffrir.

À mesure que ces vénérables Novices par-
couraient leurs nouveaux exercices avec
une incroyable ardeur, elles sentaient
toutes de plus en plus qu'elles étaient dans
leur véritable élément. Quelque moralement
austère que soit la pieuse règle des Écoles
Chrétiennes, toutes y trouvaient un adoucissement relatif. La Supérieure n'avait pas
été un seul instant arrêtée par cette consi-

dération, dont elle semblait au contraire satisfaite. Mais, dès le début de cette transformation dernière, elle stipule en secret, auprès du Supérieur, divers privilèges auxquels elle n'eût renoncé qu'avec beaucoup de peine, quoique résignée à tout sacrifier à l'obéissance. On se tromperait fort, si l'on croyait qu'à cause de son âge elle va, comme Fondatrice, réclamer quelques adoucissements, auxquels elle eût eu certes toute espèce de droits.

Son premier désir était de conserver une obédience devenue un indispensable besoin pour son cœur d'amante du Sauveur. Dans sa chapelle de Barfleur, elle tenait lieu de Sacristine; elle répondait la sainte Messe par nécessité : le Prêtre se servait lui-même à l'autel. Ces fonctions avaient encore été remplies par elle dans les deux chapelles de Tamerville. Ceux qui ont eu l'avantage d'y dire la Messe assurent que l'accent si pieux et si pénétrant de sa voix doublait la dévotion du Célébrant. Elle s'était privée, par convenance, de ce dernier bonheur à l'Abbaye; mais elle eût été bien douloureusement affectée, si on lui eût ravi le soin de l'autel,

de la confection et de la propreté des ornements et aussi celui de tenir un des bouts
de la nappe de communion pendant que ses
Filles s'approchaient de la Table sainte.
Tout ce qui touchait au Sauveur la ravissait,
tant elle l'aimait de l'amour le plus ineffable.

Le second privilége était d'être, à l'église,
placée seule à l'ombre d'un pilier, tout près
des marches du sanctuaire, sur la chaise la
plus simple, et de laisser à ses Assistantes
le soin du chœur, afin de pouvoir s'unir plus
étroitement à l'objet de son amour. Elle voulait aussi assister à toutes les Messes qui
étaient dites dans sa chère chapelle. Il lui fut
défendu un jour, par la Sœur infirmière,
d'aller à l'église, parce qu'elle était fort en-
rhumée : elle se glissa, pendant le saint Sacrifice, dans le corridor de la tribune, où
elle était beaucoup moins bien pour sa santé.
Aussi le Supérieur survenant lui rendit la
liberté, et le lendemain matin, arrivée la première à sa modeste place, elle ne rentra
chez elle qu'après avoir entendu, à genoux
et sans se relever une seule fois, cinq
Messes qui furent célébrées successivement. Le Supérieur lui ayant demandé dans

la journée si elle n'était pas fatiguée :
Fatiguée ! dit-elle ; puis-je l'être après avoir
eu le bonheur d'assister, dans notre pauvre
petite chapelle, cinq fois au saint Sacrifice ?
Ah ! c'était le moyen de me guérir, et je le
suis. En effet, elle ne parla plus de son
indisposition et reprit le cours de ses travaux.

Le troisième privilège sollicité par la
vénérée Fondatrice était que, vu son âge,
le Supérieur déclarât que, désormais, si
elle était malade, elle ne serait point tenue
de consulter un médecin, ce qu'elle n'avait
jamais été obligée de faire. Un Prêtre éclairé
lui avait dit autrefois qu'après l'âge de qua-
tre-vingts ans, l'art médical était impuis-
sant, que dès lors cessait l'obligation d'y
avoir recours.

Il était plus délicat pour sa modestie de
demander le quatrième privilège : c'était
de ne profiter personnellement en rien de
l'adoucissement de la règle. Vous voyez,
disait-elle avec sa douceur ordinaire, par
mon âge et ma santé, que mon régime est
excellent. Elle trouvait naturel que celle qui

commandait et avait besoin de plus de grâces
dépassât de beaucoup en mortification ce
qu'elle exigeait, au nom de Dieu, de ses
chères Filles. Il était impossible de lui résister un instant. Ainsi, elle conservera le
Bréviaire des Prêtres, qu'elle n'a cessé de
dire depuis sa jeunesse ; elle passera tous
les moments disponibles et une partie des
nuits en adoration devant le Saint-Sacrement. Elle concède l'usage d'un léger ma-
telas à ses Filles ; mais elle continuera de
prendre ses quelques heures de sommeil sur
une sorte de lit de camp ; elle tolère, pour
l'uniformité, qu'on lui donne une paillasse,
mais elle ne mettra dedans que deux poi-
gnées de paille qu'on ne remuera jamais ;
elle ne se servira, comme par le passé, que
d'un seul drap de laine et elle aura toujours
l'usage libre et secret du cilice et de la haire.
Elle jeûnera comme dans la primitive Eglise,
ce qu'elle avait observé depuis sa jeunesse.
Qu'il en coûtait à l'humilité de la Sœur
Marie-Madeleine de soumettre à l'obéissance
ces privilèges, si dignes de l'amante du Sauveur et si opposés à la vanité et à la mollesse
des gens du siècle !

Pour elle, elle sait que nos premiers parents ont introduit dans le monde le péché et tous les autres maux en désobéissant par orgueil et par sensualité ; elle combattra en elle impitoyablement et jusqu'à la mort ces deux vices. Elle cherchera sans relâche son salut et sa perfection dans la pratique des deux vertus contraires, l'humilité et la mortification, qu'elle regarde à juste titre comme le fondement des autres vertus et de la perfection chrétienne.

Cependant, on poursuivait avec ardeur la reconnaissance légale de la Communauté. La Sœur Econome avait hâte de passer au nom de l'Institut la propriété de l'Abbaye. Pour réussir, il fallait envoyer au Gouvernement les statuts des Sœurs, dûment approuvés par Mgr l'Evêque de Coutances. L'administration ne demande nullement en pareil cas le détail des exercices religieux, mais seulement l'énoncé des points fondamentaux de la règle et le but de la Congrégation. Nos Sœurs, existant longtemps avant la loi de 1825, avaient droit à l'approbation de leurs statuts spéciaux, comme à être reconnues par simple ordonnance royale.

Le directeur du Ministère des Cultes fit observer qu'il serait plus commode pour le
Conseil d'Etat, plus prompt et en même
temps sans danger pour l'avenir, de présenter les statuts officiels déjà enregistrés
au nom des Sœurs de la Miséricorde de
Rouen, qui lui semblaient rendre suffisamment la pensée de la Fondatrice. On suivit
ce conseil; ce qui plus tard suscita, par un
changement de jurisprudence, des difficultés
sérieuses à la Communauté.

Notre Supérieure et ses Filles continuaient
d'étudier et d'observer avec zèle les règles
de M. de la Salle et accomplissaient avec
joie leur nouveau noviciat. Le digne abbé
Mabire, Directeur des Frères Instituteurs
diocésains, était accouru, à la demande du
Supérieur, pour constater la force des quelques Sœurs vouées à l'enseignement et pour
leur communiquer et leur expliquer en
détail toutes les méthodes des Frères des
Ecoles Chrétiennes, afin de les approprier à
l'usage de nos chères Sœurs. Toute l'activité
étant tournée de ce côté, on fut bientôt en
état de marcher avec succès dans cette nouvelle voie.

Le caractère de piété du respectable Formateur se trouvait en parfaite harmonie avec les pensées de la Sœur Marie-Madeleine. Pendant le reste de la vie de la bonne Supérieure, il ne cessa d'avoir des rapports intimes avec elle et de rendre des services à ses Filles. Il déclare qu'il l'a trouvée, pour la pédagogie, spécialement pour tout ce qui peut assurer le progrès des élèves, bien au-dessus de ce qu'il a vu d'Instituteurs et d'Institutrices ; que, sous le rapport spirituel, il n'a aperçu en elle aucun défaut ; qu'au contraire il n'a pu saisir dans ses habitudes que des vertus héroïques, telles qu'on les lit dans la vie des plus grands Saints. Il confesse ingénument que cet exemple seul lui a enlevé toute tentation de doute sur la possibilité de trouver aujourd'hui des âmes de la trempe des premiers temps de l'Eglise.

Les exercices de la retraite furent ouverts au mois de septembre 1838, et la clôture eut lieu le 21 du même mois. Le costume fut complété tel qu'il est aujourd'hui. Toutes les anciennes Religieuses prononcèrent de nouveau leurs vœux perpétuels en présence de M. l'abbé Delamare et reçurent le voile de ses mains. Quelques novices, qui avaient été formées sous l'empire de la règle provisoire, eurent aussi le bonheur de faire leur profession le même jour. La Mère répétait : C'était cela que Dieu demandait de nous. Elle n'a plus jamais reparlé que de l'esprit des constitutions primitives.

Les Religieuses anciennes qui ont renouvelé, après la Supérieure, leurs vœux dans cette mémorable cérémonie, sont les chères Sœurs : Marie, Euphrosine, Aimable, Madeleine, Augustine, Caroline, Euphrasie, Catherine, Rosalie, Prudence, Emélie, Ursule, Joseph et Thérèse. En tête des nouvelles se trouvait la chère Sœur Placide, née Viel, qui, après deux ans de préparation, avait reçu, dès 1835, le saint habit des mains de sa vénérée Mère, à laquelle elle ne s'attendait pas à succéder plus tard. Il y eut en tout vingt-cinq professions et point de prise d'habit.

Quelques jours après la clôture de la retraite, le 13 octobre 1838, une ordonnance royale consacra l'existence légale de la Congrégation. L'omission du titre de Supé-

rieure Générale, due surtout à la modestie
de Julie Postel, faillit plus tard être fort pré-
judiciable à l'Institut, qui, après bien des
difficultés, a obtenu un décret spécial qui
reconnaît et sanctionne sa véritable nature.

XIV

PREMIERS TRAVAUX DE RESTAURATION DE L'ANCIENNE ÉGLISE ABBATIALE.

Tout ce qui touchait aux constitutions temporelles et spirituelles était arrêté. La cérémonie qui venait de mettre l'Institut sous
une règle bénie par l'Eglise, avait comblé de
joie la Mère et ses bien-aimées Filles.
Quoique la très honorée Supérieure eût près
de quatre-vingt-deux ans, elle ne parlait
point encore de sa fin; elle espérait, on peut
dire contre toute espérance, voir se réaliser
en entier la prophétie qui lui avait été faite
à Barfleur. Elle devait voir sa Communauté
la plus nombreuse du Diocèse. En attendant,
elle demande à M. l'abbé Delamare la permission de lui soumettre un vœu qui était

un des plus ardents de sa grande âme. Dieu, dit-elle, ne nous a pas appelées ici seulement pour pleurer au pied des ruines de son temple, mais aussi pour le réédifier tout entier et le remettre dans sa première splendeur. Que je souffre de voir le maître de la maison, le Sauveur, réduit à demeurer dans une sorte de corridor, de voir les cendres des saints Religieux et des pieux bienfaiteurs remuées par la bêche de la cupide et sacrilège impiété et devenues le jouet des tempêtes ! Ah ! de grâce, rapprochons les pierres dispersées du sanctuaire ; replaçons l'autel là même où le saint Sacrifice fut offert pendant tant de siècles ! Dieu le veut, j'en suis certaine. Il a fait naître tout près de nous un jeune homme qui a reçu de la Providence les talents nécessaires pour nous tenir lieu d'architecte et faire en même temps tout ce qu'il y aurait de plus délicat dans la restauration de l'église. M. le Chapelain a tout ce qu'il faut pour le seconder. Ma Sœur Econome concourra à la dépense de tout son pouvoir. Nous travaillerons toutes avec une nouvelle activité. Je prierai, et vous, M. le Supérieur, vous êtes appelé à tout diriger. *Domine, dilexi decorem domûs tuæ et locum habitationis gloriæ tuæ*, s'écriait-elle ; Seigneur, j'ai aimé la beauté de votre maison et le lieu où habite votre gloire. Elle comprenait les passages faciles de l'Office divin. L'expression de son visage et son accent reflétaient le bonheur des habitants du Temple éternel.

Elle fut ravie quand il lui fut répondu sans hésitation qu'on commencerait immédiatément les travaux, dût-on être un demi-siècle à les accomplir. Il ne faudra pas si longtemps, répondit-elle, j'en suis bien sûre.

Comme nous l'avons dit, il y avait encore quelques milliers de francs à payer pour que la Communauté fût au pair. Or, la tâche imposée par l'inspirée Supérieure donnait la perspective d'une dépense de deux cent mille francs. On n'avait que quatre écoles rurales à desservir ; vingt-cinq Religieuses en tout, et apparence de frais extraordinaires pour un noviciat qui se présentait déjà nombreux ! Néanmoins, on convint de se livrer avec confiance à cette grande entreprise.

Il arrivait de temps en temps à l'église
des éboulements dangereux. Les ruines si
belles, si intéressantes, étaient d'ailleurs
classées parmi les monuments historiques;
il eût été impossible de penser à les faire
disparaître; la communauté eût été honnie.
Comment bâtir à côté une vaste chapelle
moderne? On n'eût obtenu que peu ou point
de concours pour des constructions ordinaires : il était donc utile et même écono-
mique pour l'Institut d'adopter le plan de
restauration de l'antique église.

Une grave difficulté vint comprimer le premier élan. Le sol de l'église appartenait bien
aux Sœurs; mais M. le Supérieur s'aperçut
que les matériaux avaient été vendus à
part par la nation, à charge de les enlever
dans un bref délai, sauf ceux des deux arcades engagées sous la maison abbatiale et
déjà transformées en chapelle. Il jugea qu'il
y aurait imprudence à passer outre, sans la
concession régulière de ceux qui représen-
taient le premier acquéreur. Or, ils étaient
onze ou douze co-propriétaires. Il semblait
comme impossible de les mettre d'accord.
L'un prétendait que rien n'était beau comme

des ruines ; qu'on pouvait vendre celles-là
fort cher ; que rien n'avait plus de prix aux
yeux des Antiquaires et même du Gouvernement. Comme si l'on n'eût pas eu le droit
d'exiger, en qualité de propriétaires du terrain et aux termes des contrats, une démolition immédiate et peut-être une indemnité
pour un si long retard à livrer à la culture
le sol même de l'église ! Enfin, après bien
des voyages et des correspondances, un
seul vendit sa part cent cinquante francs ;
les autres donnèrent généreusement la leur,
et la Communauté devint propriétaire des
chères ruines. On put donc commencer les
travaux projetés.

Afin de procéder avec sagesse, on convint
d'employer à l'église les seuls fonds que
M. le Supérieur pourrait recueillir, pour
cette destination. M. le Chapelain fut chargé
des recettes et des dépenses spéciales. La
Communauté devait concourir à l'œuvre par
des corvées de tout genre et par la nourriture des ouvriers. L'ordre convenu fut
celui-ci : restaurer, couvrir et ajouter à la
chapelle provisoire deux nouvelles travées de la petite nef du sud. Cette augmen-

tation devenait nécessaire par suite de l'accroissement rapide du nombre des Sœurs. Aller plus loin eût été imprudent pour le moment, à cause du voisinage de ruines menaçantes.

Le vieux clocher central était encore majestueusement porté sur ses quatre belles arcades ogivales ; sa voûte n'était que légèrement endommagée. Quoiqu'il ne fût plus appuyé, du côté de la nef, que par l'unique grande côtière demeurée debout, qu'il fût entièrement isolé du côté du chœur, et que les deux chapelles du transept fussent presque démolies par la mine et la pioche plus encore que par le temps, tout annonçait qu'on pouvait sauver cette remarquable partie de l'ancienne basilique, en s'empressant de rétablir la toiture. On la refit donc avec soin et activité dans l'ancien genre et dans les meilleures conditions, après avoir solidement restauré la maçonnerie.

La Supérieure avait posé la première pierre avec jubilation. Elle avait travaillé elle-même, au-delà des forces de son âge, à déblayer le terrain, et surtout elle avait su inspirer une incroyable ardeur à toute la Communauté. Les Sœurs classaient par ordre tout ce qu'on pouvait recueillir des anciens matériaux, afin que chaque pièce pût, pour ainsi dire, retrouver sa propre place. Les décombres inutiles étaient enlevés; le sable, les pierres nouvelles étaient approchés à pied d'œuvre par leurs mains. Elles opéraient ainsi pendant les repas et le repos des ouvriers, se succédant par groupes, afin que l'ardeur fût soutenue et que les travaux marchassent avec la plus grande activité.

XV

DROITS DE MUTATION, EMBARRAS FINANCIERS

Une deuxième ordonnance royale avait autorisé l'Institut à accepter l'Abbaye de la Sœur Marie, fidéicommissaire. D'après la jurisprudence suivie sous la Restauration, et même dans les premières années du règne de Louis-Philippe, un acte de notoriété eût suffi pour dispenser nos pauvres Religieuses des droits énormes de mutation.

Il ne fallait plus y penser : le notaire avait
omis de mettre dans le titre d'acquêt, ou
bien les conseillers du temps n'avaient pas
jugé à propos d'y introduire l'indication du
but, d'établir, sauf l'approbation de qui de
droit, une Communauté dans ce local. L'immeuble allait légalement changer de mains ;
il fallait subir cette perte inattendue, et pro-
bablement suspendre pour longtemps les
travaux de l'église. Le décret spécial rendu,
l'acte solennel d'acceptation de la Communauté avait été bientôt consommé. Les six
mois accordés par la loi allaient expirer, et
la pauvre Econome avait à satisfaire immédiatement, et sous peine de graves amendes,
aux droits impérieux du fisc.

La veille même du délai fatal, M. le Supérieur arrive vers midi à l'Abbaye, dans une
voiture particulière. Il trouve la vénérée
Fondatrice dans son modeste appartement,
en tête à tête avec sa chère Econome. Celle-
ci, qui venait d'essuyer ses larmes en toute
hâte, avait les yeux très rouges. La cause
du chagrin fut bientôt demandée. Je la ré-
primandais, dit la Supérieure avec feu, de
sa défiance qui pourrait irriter le ciel. Il y a

plus de trente ans qu'elle pourvoit à tout ;
mille fois elle s'est troublée parce qu'elle
n'avait pas de pain pour le lendemain : et
la Providence n'a pas négligé une seule
fois de venir à notre secours dans une nécessité quelconque, quoique souvent elle ait
caché sa main bienfaisante jusqu'au dernier
instant. — C'est vrai, notre Mère, disait
l'Économe ; mais il s'agissait de petites
sommes, et il me faut pour demain encore
trois mille francs, et je ne sais où en prendre
le premier sou. — Dieu le sait bien, reprit
la Supérieure. Avons-nous pu compter sur
cette dépense énorme qui vient fondre sur
nous ? Il n'y a pas eu faute de notre part.
Nous faisons l'œuvre du Seigneur ; il sait
tout. Pour moi, je n'ai pas peur qu'il nous
abandonne pour la première fois.

Le Supérieur qui avait entendu le colloque
avec le plus vif intérêt et qui s'était bien
gardé de l'interrompre, prit la parole. Lais-
sons pour un moment cette affaire, quelque
importante qu'elle soit, dit-il à la Mère. Le
moyen de toucher le ciel est de faire des œuvres de miséricorde : je viens vous offrir une
orpheline à élever, vous en avez déjà, vous

ne pouvez vous en passer ; une de plus ne
paraîtra pas beaucoup. — Est-elle venue ?
dit la très Honorée ; nous en prendrons
bien soin. — Eh bien, dit le Supérieur, à
cette condition, je donnerai les trois mille
francs après lesquels soupire à juste titre
la chère Économe. — Quand, s'il vous
plaît ? dit celle-ci en poussant un soupir
expressif. — Actuellement ; faites-les prendre dans le cabriolet qui est auprès du
perron. La vénérée Mère, sans changer de
couleur, dit à sa fille : Cela ne me surprend
nullement ; Dieu est si bon pour nous ! Eh
bien, aurez-vous encore de telles défiances ?
— Attendez, dit le Supérieur, comme je vous
l'ai insinué, le don n'est pas absolu. Hier,
vers midi, un homme honorable s'est pré-
senté chez moi ; il m'a demandé si je ne con-
naîtrais point la communauté de Saint-Sauveur-le-Vicomte, parce qu'il a confiance en
elle pour y faire élever pendant dix ans une
jeune orpheline. Craignant, malgré sa bonne
santé, d'être surpris par la mort, il désire
payer la pension pour tout ce temps. Quand
voulez-vous faire l'arrangement ? lui dis-je ;
je l'accepte au nom de la Communauté. —
Vous ne sortez pas, répondit-il ; en ce cas,

je vais chercher la somme que je viens de déposer en ville. Je lui ai offert une obligation. Il ne m'en faut pas, a-t-il dit ; si, parce que la Communauté serait mécontente ou sur l'exigence des parents, l'enfant sort, les Religieuses ne doivent rien ; si elle meurt avant le terme convenu, il en sera de même. C'est une affaire réglée : j'ai pleine confiance en ces Dames. — C'est vraiment Dieu qui l'a envoyé à propos, dit la très honorée Supérieure ; il sera récompensé de sa bonne action ; nous prierons pour lui.

Peu de temps après, M. le Supérieur venant de dire la sainte Messe trouva à la porte de l'église une dame âgée et vénérable qui lui dit avec anxiété : Voudriez-vous, monsieur l'Abbé, aller, à quelques lieues d'ici, voir un malade en danger très prochain de mort et qui soupire après vous ? — J'y vais à l'instant, dit le Supérieur. — Montez alors sur ce cheval ; il sait le chemin ; il fait trois lieues à l'heure : les moments sont précieux. Vous allez arriver dans la cour de la maison : j'ai laissé les barrières ouvertes. Le Supérieur abandonne en effet le cheval à toute son ardeur et arrive en peu de temps à la demeure du malade. Il reconnaît à l'instant l'honorable visiteur dont nous venons de parler. Ah ! dit le malade, le jour où j'ai été chez vous pour telle œuvre, mon cœur a été percé comme d'un trait ; j'ai ressenti constamment depuis un vif désir d'être tout à Dieu. Je me suis même rendu à la ville dans l'intention de me confesser ; vous étiez absent. Seriez-vous assez bon pour me préparer à entrer dans mon éternité ? Il se confesse dans la journée à plusieurs reprises ; il adresse à ceux qui l'entourent les paroles les plus édifiantes ; il communie le soir en viatique ; il demande et reçoit l'Extrême-Onction vers minuit ; et quelques instants après, il meurt dans d'admirables sentiments de piété et de résignation.

La Supérieure apprenant cette nouvelle dit : Cela ne me surprend pas ; nous prierons encore toutes pour lui selon ses désirs.

Les droits de mutation ayant donc été payés sans emprunt, la Communauté put continuer les travaux de l'église. Les secours n'étaient pas abondants. Quelques personnes bienveillantes pour l'œuvre entre-

prirent de solliciter un des prix Montyon, au
nom de la Supérieure, qui certes en était
bien digne, dans l'intention de lui fournir
quelques fonds pour sa chère église. Elle
n'eut pas confiance dans ce moyen ; elle ne
communiqua qu'avec réserve et répugnance
quelques documents généraux. La com-
mission, d'ailleurs, tout en admirant son
dévouement héroïque, vit dans ses œuvres
un cachet monacal, qui les plaçait hors de
concours. Néanmoins, M. le comte Molé dit
dans le discours public et solennel du
30 juin 1842 : « L'Académie a voulu qu'une
» mention très honorable fût faite, dans le
» rapport de son Directeur, des actes de
» charité chrétienne dont se compose la vie
» entière de Mme Postel, Supérieure des
» Sœurs de la Miséricorde, établies à Saint-
» Sauveur-le-Vicomte, arrondissement de
» Valognes. » La Providence suscita quelques ressources ; cinq ou six mille francs
furent employés à l'église et pour ainsi dire
doublés par le puissant concours de la Communauté. Le talent rare et comme inné du
jeune François Hasley répondait à toutes les
espérances de la vénérée Fondatrice.

Ce furent deux beaux jours que celui où M. le Supérieur bénit le deuxième tiers de la petite nef, après avoir fait replacer l'autel au-dessous de la quatrième arcade, et celui où la Communauté et la ville de Saint-Sauveur aperçurent le coq doré couronnant le sommet du vieux clocher, qui venait de recouvrer sa première jeunesse. La réédification totale semblait déjà marcher à grands pas. On dut se reposer quelque temps en attendant de nouvelles ressources.

XVI.

INSTRUCTION DES SŒURS.

Lorsque la Sœur Marie-Madeleine fit vœu d'obéissance aux Constitutions de M. de la Salle, avec toutes ses Filles anciennes et nouvelles, il n'y avait, comme nous l'avons dit, que vingt-cinq membres en tout dans la Société, quoiqu'il se fût écoulé trente et un ans depuis l'émission des premiers vœux à Cherbourg. C'est ainsi que se développent lentement et à travers mille obstacles et mille épreuves les institutions qui viennent du Ciel, qui sont destinées à jeter de profondes racines et à rendre de grands services à l'Eglise.

Le moment de la propagation de l'œuvre de Julie Postel était arrivé : en effet, pendant l'année 1839 il y eut sept prises d'habit, quinze en 1840, dix-sept en 1841, et autant l'année suivante. De divers points on demandait avec instance des Sœurs pour la tenue des écoles. Les quelques anciennes Maîtresses étaient instruites, pour leur temps ; mais, par suite de la longue stagnation de l'Institut, elles laissaient à désirer en fait de connaissances accessoires, devenues indispensables à cause des exigences de notre époque. Elles ne pouvaient transmettre aux jeunes ce qu'elles ne possédaient pas elles-mêmes.

Une Supérieure secrètement dominée par l'esprit du monde eût été éblouie par ces rapides quoique tardifs succès, et se fût empressée de mettre toutes les jeunes Postulantes comme en serre chaude, pour en faire vite des Maîtresses brillantes aux yeux

du monde. Le premier effet de cette ma-
nœuvre fausse, au point de vue religieux,
eût été de former en peu de temps une ma-
jorité de jeunes vaniteuses, qui, sous prétexte de la plus grande gloire de Dieu et
surtout du plus grand honneur de l'Institut,
auraient bientôt dédaigné les anciennes
Sœurs, renversé leur autorité, se seraient
emparées de la direction et auraient ainsi
transformé un Institut béni par le Ciel en
une sorte d'Université féminine. Des Filles
soi-disant savantes auraient porté dans les
paroisses l'esprit d'amour-propre, de curio-
sité et de rivalité jalouse, au lieu d'y édifier
par l'exemple de toutes les vertus évangéliques. Notre Supérieure recevait dans le
sens du siècle les avis de personnes pieuses
et dévouées, même de Prêtres officieux,
gens habiles d'ailleurs, mais étrangers à ce
qui touche à la nature et à la direction des
Communautés. Elle écoutait silencieuse-
ment, par charité, ces divers conseils, mais
elle demeurait immuable comme un rocher
dans ses sages résolutions. Elle était, du
reste, en parfaite harmonie avec son Supérieur ecclésiastique, auquel elle manifestait
toutes ses pensées. Les uns disaient : Nous

n'admettrions que des Filles d'un grand talent, afin de jeter de l'éclat, la Supérieure se bornait à répondre : Je dois recevoir, comme dans le Sacerdoce, comme dans les Monastères fondés par les Saints, seulement ce que le bon Dieu m'envoie ; ce n'est pas moi qui appelle ; mon unique devoir est de tirer parti de chaque sujet, selon ses vertus et sa capacité ; la Fille du temporel me manquera, plutôt que la Maîtresse de classe, et ce ne sera pas toujours la plus savante qui fera le plus de bien. Après vingt ans de fausse route dans le monde administratif, qui voulait recruter les Maîtres et Maîtresses exclusivement parmi les sujets les plus brillants, on a été forcé, dans ce même monde, d'en revenir à la sage maxime de notre Supérieure, qui répétait souvent : La vocation et les qualités du cœur avant tout, et les talents au second rang. Je ne dois, ajoutait-elle, tenir d'écoles qu'autant que Dieu le voudra, et il saura bien m'envoyer en temps opportun le développement de la science : il vaut mieux l'attendre patiemment de lui que de mettre précipitamment la vie religieuse à la remorque du savoir et de l'étouffer sous le poids d'études forcées.

L'esprit de la primitive Eglise en première ligne; ensuite la science, quand le Seigneur nous enverra des Filles qui nous l'apporteront comme accessoire de l'abnégation et du dévouement.

Néanmoins, elle consentit, sans y avoir pleine confiance, à quelques tentatives qui ne pouvaient du reste influer désavantageusement sur l'ensemble de l'esprit de son Institut. Elle envoya d'abord une jeune Novice, douée de facilité et qui lui semblait d'une vertu solide et austère, dans une Communauté édifiante qui avait de la réputation pour le savoir de quelques Religieuses-Maîtresses. Elle y adjoignit volontiers une jeune orpheline, née de parents aisés et à laquelle elle avait servi de père et de mère depuis sa plus tendre enfance. Cette jeune personne, née pour le monde, était remplie de vertu; elle avait d'ailleurs reçu de notre Supérieure une instruction soignée; il ne lui manquait que quelques connaissances purement accessoires. Au bout de l'année, la jeune orpheline se prêta à rendre avec zèle et dévouement aux Postulantes tous les services possibles; mais l'austère

Novice, destinée à enseigner dans une commune importante, quitta inopinément l'Institut sur l'invitation de son Curé. Celui-ci, qui avait rêvé la fondation d'une nouvelle Communauté, à l'aide de cette jeune personne, l'avait frauduleusement présentée dans le principe comme Postulante sérieuse à la vénérée Fondatrice, que ce mécompte ne surprit nullement : N'aidez point, disait-elle, à la Providence ; elle sait ce qui nous convient.

Néanmoins, elle tolère un second essai : on a un sujet tout à fait distingué ; il ne faudra que quelques mois, tout au plus une année, à cette jeune Sœur pour devenir une Maîtresse et même une Formatrice habile. Faites comme vous le jugerez bon, dit-elle à ses Conseillères ; nous verrons. Absolument comme si elle eût voulu donner une leçon d'expérience à ses Filles. La même Communauté se montre encore empressée et généreuse ; mais à peine cette Novice y est-elle entrée, que quelques Sœurs portent sur elle des yeux de convoitise : au milieu de l'abondance, on voudrait avoir la brebis de la pauvre Julie Postel. On lui insinue peu

à peu que la Communauté de Saint-Sauveur,
qui a déjà existé près de quarante ans sans
jeter le moindre éclat, ne peut avoir d'avenir,
qu'elle est pauvre et trop morte au monde;
que plusieurs des religieuses sont simples
et sans science; que le vêtement et la nourriture ont quelque chose d'agreste; que la
maison où elle se trouve est bien autrement
riche et ancienne. On parvient ainsi à
ébranler la vocation première de cette pieuse
fille. Pour vaincre ses scrupules, on lui dit
que les voies de Dieu sont cachées et que
l'envoi fait d'elle par la vénérée Supérieure
est la cause providentielle de la découverte
de sa vraie vocation; qu'elle est si propre
aux obédiences de la Communauté où elle
est, que la Providence veut évidemment
qu'elle y demeure; qu'il faut obéir à la
volonté manifeste de Dieu. Mais comment
voiler ce méfait? On envoie cette Novice seulement quelques jours dans sa famille, et
on la rappelle immédiatement pour se
l'approprier.

On apprit généralement cette nouvelle à
l'Abbaye avec une peine mêlée de surprise.
La Fondatrice se borna à dire : Je m'atten-

dais à quelque chose de semblable. Je
remercie le Seigneur de m'avoir pris cette
Fille, puisqu'elle n'était pas amoureuse de
la pauvreté et de l'abnégation : c'eût été un
malheur qu'elle nous fût revenue imprégnée
des doctrines qui l'ont ébranlée. Je prie le
Seigneur d'avoir pitié d'elle et aussi de
celles qui l'ont séduite.

On fera pourtant un dernier essai, toujours avec l'acquiescement de la Supérieure.
On appelle d'abord successivement, aux
frais de la Communauté qui commençait à
pouvoir faire ce sacrifice, deux bonnes
Maîtresses séculières pour donner quelques
leçons d'agrément aux Pensionnaires et
seconder en même temps les Sœurs chargées d'instruire les Postulantes. On envoie
aussi, pour obtempérer aux conseils bien-
veillants de M. l'abbé Daniel, alors Recteur
de l'Académie de Caen, trois jeunes Novices
à l'Ecole normale d'Argentan, tenue par des
Religieuses et alors en grande réputation.
La vénérée Supérieure ne consentit à ce
dernier parti qu'autant que sa bien-aimée
Sœur Placide, dans laquelle elle avait la
confiance la plus entière, serait de la partie

et ferait suivre en particulier aux Sœurs leurs exercices propres. Prenez garde, disait-elle à sa dévouée représentante, qu'elles ne perdent l'esprit primitif.

On ne peut dire que les quelques mois passés à Argentan aient été sans utilité. Mais, une des trois Novices rentra dans sa famille; une autre mourut bientôt après; la troisième eut à lutter quelque temps contre les tentatives faites furtivement pour l'attirer dans un autre Monastère. La Supérieure avait saisi d'avance d'un seul coup d'œil tous ces inconvénients.

Le moment attendu avec confiance par la très honorée Mère arriva. De jeunes personnes, parfaitement élevées et très instruites, apportèrent en effet coup sur coup, avec la plus noble simplicité et la plus entière abnégation, une instruction très soignée. Telle fut, après bien d'autres, une jeune personne de Paris, juive de naissance, convertie à l'époque de sa première communion avec toute sa famille, qui n'a cessé depuis lors de donner l'exemple de la plus grande ferveur. On offrait à cette excellente demoiselle, extrêmement jeune alors, au moins 1,500 francs et une position brillante, à raison de ses rares talents; mais elle voulait se consacrer à Dieu; elle avait rencontré la chère Sœur Placide et elle préféra, avec connaissance de cause, la vie évangélique de la Sœur Marie-Madeleine à tous les Couvents riches de la capitale. La vénérée Supérieure, touchée de sa noble candeur et de son dévouement, lui accordait une affection particulière.

A partir de cette époque, l'Institut a possédé en lui-même tout ce qui lui était nécessaire. La Supérieure disait : Ce n'est pas dès le commencement qu'on a vu apparaître les Docteurs de l'Eglise, et saint Pierre ne passe pas pour avoir été le plus instruit des Apôtres.

XVII.

INDULGENCES ACCORDÉES A L'INSTITUT PAR SA SAINTETÉ GRÉGOIRE XVI.

Monseigneur l'Evêque de Coutances exposa au Souverain Pontife que les Sœurs des Ecoles Chrétiennes de la Miséricorde, qui ont pour Maison-Mère l'ancienne Abbaye de Saint-Sauveur-le-Vicomte, avaient solennellement adopté et suivaient avec une grande édification et un grand fruit les Constitutions du vénérable Abbé de la Salle, et se livraient avec zèle et succès à l'éducation de la jeunesse et à d'autres œuvres de charité ; que la très honorée Fondatrice et toutes ses Filles demandaient humblement que leur Institut fût enrichi de toutes les indulgences plénières ou partielles accordées par le Saint Siège aux Frères des Ecoles Chrétiennes.

Sa Sainteté Grégoire XVI s'empressa d'accorder cette faveur à perpétuité, le 2 septembre 1842. Le précieux rescrit fut reconnu par l'autorité diocésaine le 16 octobre de la même année.

La vénérée Supérieure éprouva une joie bien vive de ce que le Souverain Pontife avait daigné bénir son œuvre et avait ouvert en sa faveur ces immenses trésors de miséricorde.

XVIII.

CONDUITE DE LA TRÈS HONORÉE SUPÉRIEURE DANS L'ADMISSION ET LA DIRECTION DE SES FILLES.

Notre Supérieure était bien loin de tomber dans la faute énorme de certaines Communautés où l'on se fait besoin de tel sujet pourvu des avantages de l'esprit et de la fortune, où l'on exalte la réputation de science, de crédit de l'Institut et les aises dont on peut y jouir. Constamment fidèle aux véritables principes émis dans ses règles primitives, elle ne parlait que d'humilité, de mort au monde, et ne cherchait jamais qu'à

constater si la Postulante lui était véritablement envoyée par la Providence et si elle
voulait réellement s'exercer à l'abnégation la plus entière. Si la vocation lui semblait certaine, elle n'en comptait pas moins
sur des défauts à détruire et sur des vertus
à développer; elle avait toujours présent à
l'esprit l'exemple du Sauveur dans la préparation de ses Apôtres. Elle épuisait toutes les
ressources de la plus admirable patience;
elle joignait à ses avis, toujours si éclairés,
les plus ferventes prières, avant de désespé-
rer de la formation de sa Novice et de la
renvoyer dans le monde.

Elle ne s'occupait que très secondairement
de la dot ou des espérances temporelles;
elle aimait infiniment mieux l'aptitude à une
obédience et un grand dévouement pour le
travail que de simples avantages de fortune.
Si parfois une jeune Sœur était forcée d'aller
régler des affaires de succession, elle résu-
mait toujours ses instructions de cette manière : Allez, ma Fille; dites que nous sommes pauvres; mais je serai toujours contente
des arrangements que vous allez faire,
pourvu qu'il n'y ait aucun procès; je veux

qu'on n'en parle jamais ici ; et pourvu encore que vous laissiez vos parents satisfaits et la paroisse édifiée du désintéressement des Religieuses.

Elle avait pour principe que toute scrupuleuse incorrigible était inapte à son Institut. Elle tentait la réforme du défaut ; si elle ne réussissait pas à faire passer dans le cœur et dans les doigts le surcroît d'activité de l'imagination, si elle ne pouvait substituer l'amour et la confiance à la crainte servile, elle était inflexible, Il fallait partir. Nos Sœurs, disait-elle, sont appelées à vivre au milieu du monde. Il faut qu'elles édifient surtout par leur modestie et leur respect timide à l'égard du Clergé. Il faut que les confessions soient courtes et n'entravent pas celles des fidèles ; qu'aucune n'ait besoin de ces directions qui font perdre le temps aux Prêtres et qui sont blâmées par le peuple ; jamais de conférences spirituelles en dehors du confessionnal, n'y eût-il que l'inconvénient de la critique à redouter. Elle défendait avec le plus grand soin ces sortes de rapports. Il faut que le pavé du presbytère brûle les pieds de ses Religieuses,— ce sont ses expressions; — qu'elles ne puissent jamais y manger, excepté le jour de la première communion, et encore si les petites filles y dînent elles-mêmes. Or, les scrupuleuses ne sauraient se soumettre à ces règles de sagesse et de prudence.

Elle avait encore pour maxime qu'on doit traiter de la même manière, c'est-à-dire, renvoyer celles qui ont besoin de recevoir des avis, des compliments ou des doléances des gens du monde, ou de savoir des nouvelles et d'en dire; qui surveillent, sous prétexte de zèle, des obédiences qui ne les regardent pas; qui critiquent la conduite de celles qui les dirigent; ces esprits inquiets qui s'occupent de tout, excepté de ce qui les concerne, manquent de la simplicité évangélique, de la douceur, de la charité et de l'humilité, qui, à son estime, sont de l'essence d'une bonne Religieuse. Aussi, on ne voit pas de Directrices, dans l'Institut, qui s'occupent en quoi que ce soit de ce qui se passe dans la paroisse où elles exercent; elles ne connaissent que leur obédience, et toute leur activité s'use à la bien remplir, afin de plaire à Dieu seul et de le faire aimer des enfants ou des malades, au soin desquels elles sont consacrées. On révoquerait celle qui s'écarterait de cet esprit primitif et fondamental.

XIX.

MAXIMES ET SENTENCES SOUVENT RÉPÉTÉES
A SES FILLES
PAR LA TRÈS HONORÉE SUPÉRIEURE.

Notre Supérieure était admirable dans les mots vifs et énergiques qu'elle adressait soit aux Sœurs isolées, soit aux diverses petites compagnies qui venaient, après la retraite annuelle, recevoir sa bénédiction, avant d'aller où les appelait la sainte obéissance. Elle ne voulait pas voir de regrets ni de larmes. Est-ce que nous nous séparons ? disait-elle ; ne demeurons-nous pas toutes dans le même endroit, savoir, dans le cœur de Jésus-Christ, et sous les yeux du même Maître ? Dieu est partout.

Les pauvres, les infirmes sont mes amis,

car ils accompagnaient le Sauveur lorsqu'il
marchait sur la terre, et je veux aussi le
suivre par la pauvreté, l'humilité et les souffrances le plus près qu'il me sera possible.

Qu'est-ce qu'un Religieux ? C'est un homme
de travail, ou plutôt le travail même... Nous
devons travailler pour vivre et aussi pour
nourrir les pauvres... Travaillons aussi avec
une nouvelle ardeur, afin de construire une
demeure au Dieu de Jacob... J'aime tant le
travail, que je m'occupe le jour et souvent la
nuit ; je fais en sorte de me passer d'huile
et de chandelle... Soyons économes, c'est la
vertu du pauvre : un vêtement sans taches
et bien proprement raccommodé fait honneur à l'indigent qui en est revêtu ; je n'ai
presque porté, depuis plus de trente ans, que
l'habit béni que vous me voyez.

Vous allez, mes Filles, instruire la jeunesse ; on vous en a jugées capables. Si vous
croyez le contraire, dites-vous à vous-
mêmes : C'est Dieu qui m'envoie ; il est
assez bon ouvrier pour faire son ouvrage
avec de mauvais outils. Allez dans ces sentiments instruire les petites filles, vous sou-

venant que le royaume des cieux est à ceux qui leur ressemblent. Jésus-Christ les aime; et nous, aimons-les aussi. Quand vous aurez empêché la plus petite enfant de verser une seule larme, dites : Soyez-en béni, mon Dieu !

Soyez les mères des enfants : il y en a beaucoup qui n'en ont pas d'autres, sans être orphelines ; car c'est ne pas en avoir que d'en avoir une qui donne de mauvais principes ou qui seulement n'en donne pas de bons. Gagnez ces jeunes cœurs au bon Dieu... Chaque Sœur enseignante doit au moins sauver mille âmes pendant sa carrière, un tiers parmi ses élèves et les deux autres tiers par l'influence des enfants pieux sur leurs parents, par ses prières et par l'édification qu'elle donne... Que nous serons heureuses dans le ciel de nous retrouver toutes ensemble ! aucune n'y manquera, je l'espère ; et de voir à notre suite tant d'âmes qui nous béniront de les avoir portées à l'amour de Dieu ! Celles qui auront instruit les autres brilleront comme les étoiles du firmament.....

Je voudrais aller jusqu'aux extrémités de la terre, pour gagner une âme à Jésus-Christ... Quand je pense mille ans, mille fois mille ans, autant de millions d'années qu'il y a de feuilles à tous les arbres, de grains de sable au bord de toutes les mers, je n'ai pas encore approché du mot Eternité!... Eternité, qui me ravis, fallût-il aller dans les Indes pour te gagner une âme, je partirais à l'instant, dussé-je au bout de ma course trouver le martyre... Soyez toutes comme l'argile entre les mains du potier, quel que soit l'emploi qu'on vous assigne. L'argile ne dit pas à celui qui la façonne qu'elle ne veut pas être employée à de vils usages. Est-ce qu'il peut y avoir quelque chose de petit au service de Dieu? Tout y est grand... Dans la maison des princes, on se fait honneur de porter leurs livrées; faisons-nous donc honneur de porter celles de notre Roi : les livrées de Jésus-Christ sont sa pauvreté, sa couronne et sa croix; c'est à nous de les recevoir de sa main. On veut bien des croix d'or et d'argent; mais pour les autres, on leur donne ordinairement un coup de pied......

Obéir, c'est aller au ciel sur les épaules d'autrui... J'obéirais au plus petit enfant, s'il avait autorité pour me commander... Je voudrais avoir dans mes mains les chaînes du divin amour, plus fortes que le fer; je vous lierais si étroitement toutes ensemble que nous ne ferions plus, comme les premiers chrétiens, qu'un cœur et qu'une âme... Que le bonheur des vierges chrétiennes est grand! elles suivront partout leur divin époux dans le ciel, si elles le suivent dans ses humiliations sur la terre.

Puisque vous vous êtes données à Dieu, donnez-vous donc à lui tout entières. Ce Dieu de bonté nous aime tant qu'il est jaloux : il ne veut pas la moitié d'un cœur, il le veut tout entier... il veut l'arbre et le fruit... Un cheveu entre l'âme religieuse et son divin époux est un mur de séparation... Quittez tout et vous trouverez la liberté... Ne regardez jamais en arrière... Laissez les morts ensevelir les morts, et pour vous suivez-moi... Je ne veux pas que vous soyez tristes et chagrines; laissez cela aux gens du monde... Donnez-moi toutes vos peines, je les unirai aux miennes et nous jetterons tout dans la fournaise du divin amour et il n'en restera rien... Quand on aime, on trouve tant de bonheur à souffrir pour l'objet de son amour! Aimons, aimons sans bornes: plus nous aurons aimé Dieu ici-bas, plus nous l'aimerons éternellement... Si vous traînez votre croix, vous tomberez; si vous l'embrassez avec courage, Jésus-Christ la portera pour vous... Le joug du Seigneur est doux et son fardeau est léger... Ou souffrir ou mourir...

Vive la joie des enfants de Dieu!... Qu'y a-t-il pour moi dans le Ciel, ou qu'ai-je à désirer sur la terre, sinon vous, ô mon Dieu?... Ma chair et mon cœur défaillent d'amour... Seigneur, vous êtes le Dieu de mon cœur; vous êtes mon partage pour l'éternité... Ah! éternité, que je t'aime!... Tous ceux qui s'éloignent de vous, Seigneur, périront; pour moi, mon seul bien est de m'attacher à vous... Je suis plus riche en vous possédant que les plus riches du monde... Vos autels, ô Dieu des vertus, vos autels sont mon unique refuge, mon unique asile... Heureux ceux qui habitent dans votre maison, Seigneur; ils vous loueront pendant les siècles des siècles. Un seul jour passé dans votre maison vaut mieux que mille passés partout ailleurs... J'aime mieux être la dernière dans la maison de Dieu que d'être la première dans le palais des rois !...

Nous sommes nos plus cruels ennemis : nous ne pouvons nous vaincre que par une guerre continuelle, et nous ne cherchons que nos aises et à nous satisfaire... Cependant nous avons péché : nous méritons de souffrir. Disons donc au bon Dieu dans les peines : Encore, encore... On veut bien être malade, car on est plaint ; mais quand on s'oppose à nos désirs, nous crions comme si on nous écorchait toutes vives... Si nous faisons quelque faute, relevons-nous à l'instant ; n'en soyons ni surprises ni découragées... Je vous remercie, Seigneur, de n'avoir pas permis que je me sois éloignée de vous. Je suis tombée dans vos mains pleines de miséricorde... Oh ! le beau titre que celui de miséricorde infinie ! c'est le plus consolant des attributs de Dieu.... Tout est miséricorde... Nous chanterons éternellement les miséricordes du Seigneur.

Ne faites rien par crainte, faites tout par amour... Il n'est rien de si doux que d'aimer dans le saint silence... Le silence est le gardien de toutes les vertus; le babil les ruine toutes... Parler quand il faut, c'est garder le silence; c'est lui manquer que de se taire quand il faut parler... Il ne faut pas avoir une vertu sauvage... Faisons-nous tout à tous, à l'exemple de saint Paul.

Ne faites point de mortifications sans que votre cœur les accepte. On peut être sobre avec des perdrix et immortifiée avec des choux; mangeons tout ce que l'on sert; et lorsqu'il se trouve quelque chose que nous n'aimons pas, pensons au fiel et au vinaigre qui furent présentés à Jesus, et nous trouverons tout bon après.

N'ayons rien en propre, que tout soit en commun, qu'il n'y ait jamais de mien ni de tien; que ce soit toujours le nôtre.

On reconnaîtra une véritable Sœur de la Miséricorde par une vraie droiture de cœur, c'est-à-dire, par la franchise, la simplicité, la pauvreté et l'humilité.

Ayons de la simplicité dans tout : dans nos manières, dans nos habits et dans notre maintien ; n'ayons rien de recherché. Quand nous serons dans le ciel, c'est là qu'un pauvre habit grossier deviendra tout brillant de gloire.

Le bon Dieu aime les cœurs doux et humbles.

Ce n'est pas avoir une vraie humilité que de dire du mal de soi et de ne pas vouloir que les autres en disent. Toute humilité qui parle est suspecte. Ne souffrez point qu'on vous loue ; ne faites point de grandes actions dans le dessein d'avoir l'approbation des hommes.

Souvenez-vous que les petites vertus font les grands Saints ; la violette se cache sous les feuilles, mais sa douce odeur la fait découvrir.

Ayons de bas sentiments de nous-mêmes et soyons convaincues que, quelque mal qu'on dise de nous, il en reste encore beaucoup à dire qu'on ne connaît pas.

Estimez-vous heureuses, si le monde vous hait; c'est une preuve que vous ne lui appartenez pas, mais que vous appartenez à Dieu.

Le royaume des cieux souffre violence, aussi n'y a-t-il que celles qui combattent courageusement qui y entreront.

Malgré le bonheur que l'on goûte dans la vie religieuse, on peut dire que c'est un martyre continuel; effectivement, c'est une continuité de petits sacrifices qui peuvent nous être aussi méritoires que le martyre de l'échafaud, attendu que les souffrances que les martyrs endurent ne sont que de quelques moments et que les sacrifices de la vie religieuse sont de tous les instants; ils sont devant Dieu d'un prix infini.

Adorons la volonté de Dieu et soyons toujours prêtes à monter avec Jésus sur le calvaire, et à y mourir, s'il le faut.

On n'a rien à souffrir, quand on aime le bon Dieu.

Ayons sous les yeux la sainte Famille et voyons comment les moments de Jésus, de Marie et de Joseph étaient partagés entre la prière et le travail ; ne perdons pas une minute ; que nos délassements même soient copiés sur ceux de ces divins modèles.

La paix et l'union des Communautés font goûter le bonheur que l'on a d'être à Dieu et de jouir de sa présence.

Ne voyons dans nos Sœurs que le bien qu'elles font, et que chacune dise comme saint François : Si elles avaient cent visages, je les regarderais par le plus beau. Rendons-leur tous les petits services qui sont en notre pouvoir, et réjouissons-nous d'être les servantes des servantes du Seigneur. Quand vous seriez appelées à leur rendre ces petits services pendant le temps destiné à la prière, faites cet échange de bon cœur, car c'est quitter Dieu pour Dieu ; remercions-le de vouloir bien nous associer à son sacerdoce : il est prêtre et victime. Voilà ce qui s'appelle une mort à sa propre volonté.

Ne faites point de rapports contre vos Sœurs, dans la crainte de vous tromper sur leur compte. N'ayez point d'amitiés particulières ; les petites déférences que l'on rend aux unes, il faut les rendre aux autres.

Ce n'est pas parce que vos Sœurs sont aimables qu'il faut les aimer, mais bien parce que Dieu nous commande d'aimer notre prochain comme nous-mêmes. Nous qui sommes les épouses d'un Dieu qui nous a choisies pour accomplir jusqu'aux conseils évangéliques, nous devons vivre comme les premiers chrétiens qui n'avaient qu'un cœur et qu'une âme.

Aimons-nous, mes chères enfants, en Dieu et pour Dieu ; invoquons souvent la très sainte Vierge sous le beau titre de Mère de la Miséricorde.

Dans le cœur d'une bonne Religieuse, il n'y a de place que pour Jésus crucifié .

XX.

NOUVELLES TRIBULATIONS
DE LA TRÈS HONORÉE SUPÉRIEURE;
CONCURRENCE HOSTILE;
CHUTE DU CLOCHER DE SA CHÈRE ÉGLISE.

Nous arrivons à la plus lourde croix que la vénérée Supérieure ait peut-être jamais portée. Pendant quinze ans, les écoles de filles avaient été uniquement dirigées par elle à Saint-Sauveur. Outre le Pensionnat, assez nombreux, rien n'était négligé pour les externes. Toutes recevaient l'instruction gratuite, et un grand nombre la nourriture et des vêtements, sans aucun frais de la part de la commune. Celle-ci, au lieu de se réjouir des nouveaux succès d'un établissement qui lui fait honneur, semble saisir le moment même de son développement pour l'entraver dans sa marche. On appelle, à grands frais, des Sœurs étrangères; on ouvre un Pensionnat rival; aussi bien que des classes d'externes. On a sans doute trouvé, jus-

que-là, nos Sœurs assez habiles. C'est lorsque leur instruction va évidemment prendre
un nouvel essor qu'on se montre ingrat envers elles. Il est assez étonnant qu'on ait
rencontré des Religieuses qui aient consenti
à jouer un tel rôle de rivalité à la porte d'une
Maison-Mère et dans un si petit endroit. Ce
qui se passait était d'autant plus pénible
pour la très honorée Supérieure, que, comme
nous l'avons vu, elle a constamment évité
les concurrences, surtout envers les communautés; elle sentait tout le mal qui pouvait en résulter pour la Religion. Mais autant
elle est douce, autant elle est ferme dans
l'accomplissement de sa mission. Elle ne
fermera pas ses classes, comme on le désirerait. Elle a l'approbation de son Évêque,
celle du Gouvernement; il faut qu'elle forme
ses jeunes Sœurs. Ses écoles demeurant in-
comparablement les plus nombreuses, on
eut recours à une persécution sourde : son
externat fut contraint de se fondre à l'église
avec les élèves des institutrices communales. Les Maîtresses de l'Abbaye, mal accueillies par les étrangères, furent parfois ré-
duites à rester debout derrière la porte de
l'église. Elles eurent à subir toutes sortes

d'avanies et de vexations, et cependant elles
ne demandaient que la liberté de faire le
bien. La chère Sœur Caroline, qui a ouvert et
tenu si longtemps l'école de Fresville, celle
de Cerisy-la-Salle, et qui, depuis l'époque
dont nous parlons, a dirigé le pieux établissement de Notre-Dame-sur-Vire, avant
de devenir Assistante, avait été choisie
par sa Mère pour subir toutes ces humiliations ; celle-ci la félicitait, quand elle n'avait
trouvé place qu'auprès de la porte, de ce
qu'elle avait pratiqué l'humilité. Mais jamais
de récriminations : seulement des gémisse-
ments et des prières.

Plus tard, l'autorité ecclésiastique fut
forcée d'intervenir et d'inviter les Sœurs
étrangères à observer les lois canonique et
civile qu'elles avaient violées en s'intro-
duisant comme furtivement dans le Diocèse.
Leur Supérieure aima mieux rappeler les
Sœurs Institutrices de Saint-Sauveur, que
de profiter de la permission qui lui était
offerte de les transférer à Périers où elles
étaient désirées. Elles furent remplacées par
une Maîtresse séculière.

La Providence intervint à son tour et dévoila peu après un mystère d'iniquité, dont les tribunaux ont retenti, caché sous le voile de la concurrence si extraordinaire faite par certains hommes à la douce et bienfaisante Julie Postel.

En attendant qu'une nouvelle et bienveillante administration rendît, sur la proposition de M. le curé de Saint-Sauveur et le vœu des pères de famille, plus que la liberté à nos Sœurs, puisqu'on leur conféra le titre d'Institutrices communales, une tribulation d'un autre genre devait succéder immédiatement à la précédente, et donner à notre Supérieure une nouvelle occasion de prouver sa patience et son courage héroïques.

On se disposait à poursuivre les travaux de l'église, dans un ordre utile pour l'Institut qui se développait avec une étonnante rapidité, lorsque tout à coup un malheur, ce semble irréparable, vint fondre sur l'abbaye, dans l'hiver de 1843. Dans une même nuit, si affreuse qu'on l'eût prise pour un des signes précurseurs de la fin du monde, plusieurs clochers du diocèse de Coutances venaient, sur des points très distants, d'être renversés par la foudre. Le matin, et incontestablement par suite de fortes secousses électriques, la tour de nos Sœurs s'ouvre instantanément, comme un livre, en deux parties à peu près égales. Les pierres, la maçonnerie tout entière, quoique d'un mètre et demi d'épaisseur, et solide comme un rocher, se brisent. La moitié de cette masse, avec les deux piles qui la soutiennent du côté du chœur, s'éboule en un clin d'œil avec le fracas du tonnerre. Les énormes blocs culbutent ce qui reste des côtières du même chœur, entraînent dans leur chute une partie de l'une des deux principales chapelles ; la seconde est entièrement ensevelie sous les décombres. Quelques secondes plus tôt, deux personnes, une Sœur et un ouvrier, étaient écrasées ! Le magnifique Sanctuaire demeure seul debout. Mais, entre l'entrée du *Sancta Sanctorum* et celle du chœur, il s'est fait de chaque côté un vide continu de plus de vingt mètres. L'arcade, dite du Crucifix, quoique fortement secouée, a repris son aplomb : elle porte encore la moitié du clocher, dont les demi-côtés s'appuient sur les fragments des ar-

cades latérales qui forment une sorte d'en-
corbellement. La toiture est si bien condi-
tionnée qu'elle n'a nullement cédé ; elle ne
s'est même pas divisée, en sorte qu'une
moitié de cet énorme fardeau plane sur le
vide à plus de quarante mètres de hauteur.

On attend la chute de la deuxième partie
du clocher, du moins celle de son toit. On
est dans la plus vive anxiété. Ce qu'on re-
doute le plus, c'est une de ces tempêtes si
fréquentes dans nos contrées. La toiture
pouvait, sous l'action du vent, jeter sur la
chapelle provisoire le massif suspendu en
l'air, et même écraser le Monastère tout entier. Le plus urgent est d'enlever cette cou-
verture ; on ne pouvait échafauder avec sé-
curité ; mais, à l'aide d'un moyen ingénieux,
on parvint à l'arracher avec le moins de
dommage possible. Le demi-clocher demeura immobile et parut dès lors moins
menaçant.

XXI

REPRISE DES TRAVAUX DE L'ÉGLISE
ET PREMIER VOYAGE
DE LA CHÈRE SŒUR PLACIDE A PARIS

Tout le monde est consterné dans l'Abbaye. Chacun commente l'événement à sa manière. On répète à la vénérée Supérieure que la Providence ne veut sans doute pas que l'église soit reconstruite ; qu'il faut en prendre son parti ; qu'une chapelle neuve, et spacieuse, mais simple, coûtera moins cher ; qu'il faut achever de démolir ce qui reste de ruines. Mais la très Honorée, aussi inébranlable que le jour où l'on vint lui déclarer à Valognes qu'il fallait renoncer à son Institut, et qui jusque-là avait seulement répété : Dieu ne nous humilie que pour mieux nous relever, sortit tout à coup de son silence. Elle appelle sa digne et bien-aimée Fille, la chère Sœur Placide, choisie, quoique jeune, par elle et par le Supérieur, comme la plus apte à traiter les affaires du dehors, selon l'esprit de sa Mère, et elle lui dit : Ce qui est arrivé est pour le plus grand bien. Dieu veut que notre pauvre Institut se propage; mais il veut aussi que l'église soit réparée : il faut qu'on y travaille toujours, et l'argent ne manquera pas tant qu'elle ne sera pas achevée; vous demanderez et on vous donnera. La Congrégation se répandra au loin. Voici une lettre à l'adresse de la Reine des Français; partez pour Paris, si toutefois Monsieur notre Supérieur, que vous verrez à Coutances, y consent; ce que je crois.

Il est hors de doute aujourd'hui, pour tous les membres de la Communauté, que la vénérée Supérieure avait reçu quelque communication des desseins de la Providence; mais dès lors ce fut une conviction profonde pour la chère Sœur Placide, qui l'avait entendue. Aussi elle, si timide et si étrangère à une semblable ambassade, reçoit la bénédiction de sa Mère, celles de son Supérieur et de son Evêque, et part pour Paris, remplie de la plus entière confiance.

La lettre à la Reine était courte, digne et

touchante. Elle était écrite d'une main si ferme que Sa Majesté en fut surprise ; elle demanda à voir de l'ouvrage quotidien d'une personne qui lui semblait un prodige pour son âge ; elle était étonnée qu'elle pût dire le Bréviaire sans lunettes : tout l'intéressa. La Reine, sa famille, et même Mme la duchesse d'Orléans, quoique protestante, firent des offrandes convenables. Le Roi conseilla de faire une demande officielle de secours à son Gouvernement.

La Sœur Marie-Madeleine fit remettre aussi une lettre au très honoré Supérieur des Frères des Écoles Chrétiennes. Cette missive était pleine d'à-propos et de fraîcheur ; elle était conçue à peu près en ces termes : Lorsque la foudre a détruit le clocher de notre pauvre église, je lisais dans la vie de M. de la Salle, votre digne fondateur, que celui-ci trouva dans une grande détresse un appui inattendu chez les Sœurs de la Croix, ses voisines. Ce ne sera pas en vain, j'en ai la confiance, que dans mon malheur (elle en faisait la peinture) je m'adresserai à vous. Quoique vous ne connaissiez ni moi ni mes Filles, nous sommes plus que vos

voisines, nous sommes vos Sœurs : nous
suivons aussi toutes les constitutions de
M. de la Salle. Si vous secondez ma chère
Sœur Placide, Dieu vous en bénira. Le très
Honoré fit son possible pour répondre
à cette touchante demande, entièrement
spontanée de la part de notre Supérieure,
aussi bien que la lettre à la Reine des Français.

Dans les œuvres providentielles, ce sont
ordinairement les moyens sur lesquels
on compte le plus qui servent le moins.
Ce fut ce qui arriva dans le voyage de
la chère Sœur Placide. Un ami de la Communauté avait eu l'obligeance de lui offrir
et de lui donner une lettre pour la Supérieure Générale d'une communauté importante de Paris. Cette supérieure, riche et
bienfaisante, avait des possessions considé-
rables dans le pays de Saint-Sauveur. On lui
rappelait que ses ancêtres étaient les fondateurs de l'ancienne Abbaye, que de pauvres Religieuses avaient acquise. On faisait
appel à tous ses sentiments de noblesse
et de piété en faveur du projet de réédification de la basilique. On lui exposait que ce

qui était applaudi par les amis de la religion et des arts devenait une nécessité pour un Institut qui avait besoin d'une grande chapelle, et qui serait déshonoré, s'il rasait l'ancienne église pour en faire une plus simple.

Telles étaient à peu près les considérations que l'on faisait valoir auprès de ladite Supérieure. La chère Sœur Placide comptait du moins obtenir une petite mansarde pour son pied à terre pendant son séjour à Paris, et la liberté de faire une petite collecte dans ce riche établissement. Vaines espérances. Dans les grands Monastères de la capitale, on fait ordinairement peu de cas des Sœurs de la campagne, et on appelle campagne tout ce qui est Province. Les Tourières, abordées à diverses reprises, ne permirent même pas à la chère Sœur d'avoir une seule entrevue avec leur Mère, ou celle-ci ne jugea pas à propos de lui accorder audience.

Notre vénérée Supérieure dit en apprenant cette humiliation : Cela ne me surprend pas ; mais Dieu a ses vues ; il saura bien trouver un gîte pour ma chère fille ; il ne

nous humilie jamais que pour mieux nous
relever.

XXII.

DEUXIÈME VOYAGE DE LA CHÈRE SŒUR PLACIDE A PARIS.

La très chère Sœur Placide est à peine
arrivée pour la deuxième fois à la capitale
qu'elle fait providentiellement la rencontre
du digne abbé Haumet, curé de Sainte-Mar-
guerite. Il dit à la chère Sœur : Ce sont précisément des Religieuses comme vous que
je cherche ; mais il m'en faudrait quatre ou
cinq pour commencer. — Pour quelle époque ? répond la Sœur. — Pour aujourd'hui,
si elles étaient arrivées ; car j'ai fait préparer
un local convenable pour la tenue des écoles
dans un quartier excentrique de ma paroisse ;
j'ai disposé dans l'établissement une chapelle de secours, afin qu'on y fasse régulièrement un office paroissial supplémentaire.
Et voilà que la Supérieure Générale des
Sœurs de Saint-Vincent, avec laquelle je
m'étais entendu, vient, à cause de circons-

tances imprévues, de me remettre la clef, sans avoir fait occuper la maison que nous avions fait préparer de concert.

Notre Sœur croit voir la réalisation des assurances de sa Mère : elle accepte la proposition, après avoir vu la Supérieure des Filles de la Charité, qui l'encourage, et obtenu l'agrément de l'Archevêché.

La très Honorée Fondatrice dit : J'aime bien mieux savoir mes Filles au milieu des pauvres, pour leur servir de mères, que d'apprendre que celle que j'ai envoyée aurait été reçue dans de beaux appartements et dans une Communauté riche et splendide.

La maison de l'abbé Haumet, dite de Notre-Dame Consolatrice, s'est constamment développée dans l'intérêt des petites filles pauvres et des classes ouvrières du voisinage. Les émeutiers, dans les plus mauvais jours, ont respecté, gardé même le domicile de nos Sœurs. Le Gouvernement et des personnes bienfaisantes n'ont cessé d'entretenir des orphelines dans ce modeste établissement, qui a produit, à Paris : la maison du Saint-

Cœur de Marie, rue Picpus ; la belle crèche du même quartier ; le pensionnat, avec externat, rue Notre-Dame-des-Champs ; l'infirmerie des jeunes convalescents, rue de Babylone, avec maison de campagne, et diverses écoles. Ces résultats et la propagation de l'Institut dans beaucoup de Diocèses sont les fruits de la chute de la tour, et la confirmation des prédictions de notre Fondatrice. Elle a annoncé une diffusion plus grande encore, et tout se prépare comme de soi-même pour la réaliser. Les Filles de l'amante du Sauveur ne se sont jamais poussées en avant ; elles demeurent fidèles à la maxime de la Mère : Faire le plus de bien possible en se cachant le plus possible. Elles attendent à connaître, par des instances réitérées et des circonstances providentielles, la mission du Ciel pour étendre le bien qu'elles doivent opérer.

Pour ne pas anticiper sur les temps, revenons à la collecte. Elle fut satisfaisante à Paris : de l'humble Communauté qu'elle organisait, la chère Sœur Placide put la poursuivre avec plus de succès que si elle eût été parfaitement accueillie dans le riche

Monastère où il n'y avait pas de place pour une Religieuse aussi pauvre. Notre Sœur s'était consolée, au milieu de la neige et des frimas, en pensant que Marie et Joseph n'avaient pas été mieux accueillis à l'hôtellerie de Bethléem. L'infatigable Sœur répétait en Bretagne et dans quelques villes du Diocèse de Coutances ce qu'elle avait dit à la capitale : Ma Mère, qui est une Sainte, m'envoie. Point d'importunité dans ses demandes, ni même d'instances. Elle obtint, comme récompense de son obéissance et de ses fatigues, des résultats assez satisfaisants pour faire espérer, avec le temps, un succès complet.

Qu'on ne croie pas que la vénérée Fondatrice demeurât inactive. On n'avait pas attendu à recueillir les derniers fruits des voyages de la chère Sœur Placide pour mettre la main à l'œuvre. Une lourde tâche était assignée aux Religieuses et aux Novices de l'Abbaye. La Supérieure se mit à leur tête, travailla elle-même autant que son âge avancé pouvait le lui permettre, et, en cinq semaines, l'énorme tas de matériaux provenant de la chute du clocher disparut ; les

pierres taillées, surtout les pierres sculp-
tées, furent détachées avec un soin scrupu-
leux ; l'emplacement des constructions fut
déblayé ; le vieux sable, les pierres d'orne-
ment et le simple moëllon furent classés
avec le plus grand ordre.

Le Supérieur donna de nouveau le signal
de la reconstruction générale, et la vénérable Fondatrice posa la nouvelle première
pierre avec une piété ravissante et une confiance indicible, dès le mois de février 1844.
Bientôt elle put se réjouir encore de revoir
le coq doré couronner la vieille tour sortie
de ses ruines. La joie fut universelle dans
toute la contrée.

M. le Chapelain avait fait des achats très
avantageux de pierres de taille et de bois de
chêne. La sûreté de son coup d'œil avait été
secondée par l'élan de certains propriétaires,
qu'une pieuse générosité portait à faire de
larges concessions dans les marchés. De
toutes les dépenses, celle qui effrayait le
plus était le transport des matériaux. On eut
l'heureuse idée d'annoncer un matin, dans
les écoles d'externes, qu'on accepterait avec

reconnaissance des corvées dites *d'honneur,*
pour approcher les matériaux de l'église.
Il fut aussi beau que consolant de voir, le
jour même, cinquante-deux propriétaires
ou fermiers des environs se faire inscrire et
témoigner le bonheur qu'ils auraient à
obliger la Communauté et à contribuer à la
réédification de l'église abbatiale.

On a vu pendant plusieurs années des har-
nois aller à la fois au nombre de quinze et
de vingt, à Yvetot ou à Valognes, chercher
les belles pierres des colonnes, fenêtres et
contreforts. Par honneur et délicatesse, les
maîtres eux-mêmes voulaient conduire leurs
voitures ; ils apportaient le fourrage nécessaire pour la journée, et ordinairement ils
faisaient le matin quelque cadeau en nature
pour contribuer au repas commun qui avait
lieu au retour. Que la vénérée Supérieure
était sublime au moment où elle venait féliciter ces braves gens à table ! elle était ra-
dieuse, aimable au-delà de toute expression.
Ses idées étaient fraîches, souvent ardentes
comme dans la jeunesse. Nos cultivateurs,
honorés et enthousiasmés, étaient tout disposés à revenir pour recueillir de nouvelles

bénédictions de celle qu'ils regardaient comme une Sainte.

XXIII.

NOUVELLES FAVEURS EXTRAORDINAIRES ACCORDÉES A LA TRÈS HONORÉE SUPÉRIEURE.

On avait donc repris courage ; et comment n'aurait-on pas eu confiance pleine et entière dans la direction que donnait si énergiquement à son œuvre l'inspirée Sœur Marie-Madeleine ? La protection du Ciel envers elle ne cessait d'être visible, malgré tous les efforts qu'elle faisait pour dérober aux regards même de ses Sœurs intimes le crédit dont elle jouissait auprès de Dieu. Nous n'en citerons que deux traits.

La chère sœur Marthe était venue ouvrir son cœur à sa vénérée Mère : elle était poursuivie de la pensée déchirante qu'on pouvait la renvoyer par suite d'infirmités qui s'aggravaient chaque jour. Expliquez-moi tout, lui dit la Mère avec douceur. — J'étais, ré-

pondit-elle, comme Novice, à remplir une
obédience à la maison de Notre-Dame-sur-
Vire : je lavais la lessive en hiver, il y a
un an. Je tombai par accident dans la Vire.
Je fus tellement glacée par le froid et par
la peur, que depuis ce moment j'ai de plus en
plus les jambes affaiblies, à tel point qu'elles
sont comme paralysées. La très Honorée
dit avec émotion : Non, certes, on ne vous
renverra pas, ma Fille : ce serait une grande
injustice. Je vais prier avec pleine confiance
pour votre guérison ; unissez vos prières
aux miennes.

Le lendemain matin, la Sœur Marthe
accourut chez sa Mère disant avec joie : Je
suis guérie, entièrement guérie ; c'est vous,
ma Mère, qui m'avez obtenu cette grâce. —
Remerciez le bon Dieu, dit la vénérée Supérieure ; et surtout ne parlez à qui que ce soit
de ce qui s'est passé.

Une autre fois, la chère Sœur Philomène
vint entretenir la très Honorée de sa pénible position. Elle avait depuis longtemps
une large plaie scrofuleuse qui partait du
cou et qui couvrait l'épaule. Le mal était

devenu si grand et la plaie si dégoûtante,
que la Sœur Infirmière, malgré sa charité et
son habitude de soigner les malades, éprouvait lors du pansement des répugnances
involontaires. La Sœur Philomène s'en était
aperçue, et elle faisait à sa Mère ses confi-
dences à cet égard, lui exprimant combien
elle était malheureuse d'être ainsi à charge
à ses chères Sœurs. La Mère l'embrasse, la
console et lui dit : Priez, ma fille ; priez avec
foi et confiance ; soyez sûre que vous serez
bientôt guérie. En effet, au bout de trois
jours, tout était parfaitement cicatrisé, et on
n'a rien revu de cette plaie dégoûtante.

XXIV.

DERNIERS TEMPS DE LA VIE DE LA VÉNÉRÉE SUPÉRIEURE.

A mesure que le corps vieillissait chez
notre vénérable Supérieure, les forces et la
vie de l'âme semblaient se développer encore. Son activité, telle que nous l'avons

dépeinte, ne devait mourir qu'avec elle. Toujours la première venue à la chapelle, elle en était toujours partie la dernière. La ferveur de son oraison, les espèces d'extases qu'elle éprouvait, réchauffaient les plus tièdes. On l'entendait souvent répéter tout bas, quoique avec feu : Mon Dieu ! mon tout !.. O Dieu !.. O Dieu de bonté !.. Bonté infinie !.. O infinie Miséricorde !.. Mon Dieu, ayez pitié, ayez pitié...

Elle avait auprès d'elle la liste de toutes ses Filles et l'état de répartition du personnel dont elle s'occupait toujours. Presque constamment on trouvait quelque Sœur assise avec respect et affection sur une chaise un peu plus basse que la sienne, puisant dans le cœur et dans l'expérience de la Mère des avis et des encouragements

Dans les trois dernières années de sa vie, la préoccupation de la vieille église était devenue dominante chez la Très Honorée. Son premier soin, quand la chère Sœur Placide revenait de faire ses collectes, était de séquestrer les fonds de la maison de Dieu de ce qui appartenait à la Communauté. Elle travailla aussi avec toute l'ardeur de la jeunesse, comme une personne pressée, à faire elle-même, avec du fil qu'elle avait filé antérieurement, quatre filets d'aubes. Elle en donna un à M. le Supérieur, et destina les trois autres à servir, pour la première fois, à l'autel le jour de la dédicace de son église. Je serai dans le Ciel, disait-elle, mais je verrai cette belle cérémonie. Elle fit aussi une garniture en filet et des fleurs pour l'autel. Elle faisait toutes ses recommandations pour celle des chapelles qu'elle voulait qu'on dédiât à la Croix dans sa grande église.

XXV.

MORT DE LA VÉNÉRABLE SUPÉRIEURE.

Encore trois mois et quelques jours de vie, et la Très Honorée eût complété sa quatre-vingt-dixième année. Mais le Seigneur voulait ne pas différer davantage le bonheur de celle qui était consumée du désir de posséder l'objet éternel de son amour. Depuis deux ou trois semaines, ses forces diminuaient sensiblement et elle était souffrante. Elle n'en persévérait pas moins dans tous ses exercices, triomphant ainsi et de la vieillesse et de la maladie par son surnaturel et sublime courage. Elle sent elle-même que sa dernière heure approche. Elle voit, d'ailleurs, que tout ce que le Ciel a daigné lui prédire est entièrement accompli ; son Institut, composé en tout de vingt-cinq Sœurs, huit ans auparavant, atteint à peu près le nombre relativement prodigieux de plus de cent cinquante ; sans compter vingt Postulantes sur le point de prendre le saint habit.

M. l'abbé Delamare, informé de l'état de la vénérée Mère, vint la voir : sa présence lui fut si agréable et la ranima à tel point qu'il s'aperçut à peine de son affaiblissement, qui disparaissait dès qu'elle parlait de Dieu ou du Ciel. Elle demanda encore, comme de coutume, la bénédiction de M. le Supérieur, quand il fut sur le point de repartir. Il me faut, dit-elle, deux bénédictions aujourd'hui : une pour mes Filles toutes ici présentes dans le cœur de Jésus, et une pour moi, mais une bénédiction qui s'étende de cette fois jusqu'à l'éternité.

Quelques jours après, elle se trouva tout à coup très mal, sur sa chaise, vers l'heure où elle allait prendre du repos. M. le Chapelain accourut et s'empressa de lui donner l'Extrême-Onction. Elle avait encore dit avec lui, peu d'instants auparavant, à haute et intelligible voix, les Matines et les Laudes du grand Office. Bientôt elle se retrouva moins souffrante et alla se mettre au lit. Toute la Communauté promit de communier pour elle le lendemain matin, et on devait lui apporter le saint Viatique. Quel ne fut pas l'étonnement de M. Lerenard quand il l'aperçut à sa Messe et à la sainte Table! Après une fervente action de grâces, elle alla se reposer sur son grabat duquel elle ne devait plus descendre. Elle dit encore ses Petites Heures dans la matinée; elle ne cessait de s'unir à Dieu, de faire des oraisons jaculatoires, de produire des actes de foi et d'amour. Cependant son état s'aggravait, et l'Infirmière, la chère sœur Aimable, usa de son autorité pour lui faire accepter un lit moins dur. Elle déclara qu'elle en était vivement contrariée : elle eût voulu au contraire mourir sur la cendre. Mais elle se soumit, sachant que l'obéissance vaut mieux que le sacrifice. Elle dit seulement : Ce n'était pas la peine, ma Fille, pour si peu de temps surtout. En effet, deux heures après elle appelait M. le Chapelain pour réciter les Vêpres, et voyant qu'elle ne le pouvait plus, elle prit un de ses livres favoris, y chercha et montra du doigt, comme son testament, ce passage du grand saint Bernard : Le Religieux qui ne travaille point n'est pas digne d'être Religieux. Et elle rendit sa belle âme à Dieu, à trois heures après midi, le 16 juillet 1846 ; sa mort fut comme un doux sommeil.

On trouva sous son chevet un grand cilice et un corset tout hérissé de pointes de fer : ces instruments de pénitence sont usés par l'usage constant qu'elle en a fait jusqu'à la fin de sa vie. C'est ainsi que les Jean-Baptiste pratiquent les plus grandes austérités, tandis que les grands pêcheurs vivent dans l'indifférence et la mollesse !

On ne peut dépeindre l'effet produit par

cette mort dans la Communauté. Toutes les Sœurs fondaient en larmes et se réjouissaient en même temps du bonheur de leur Mère. Pas une ne pouvait penser à prier pour elle, tant était intime et invincible chez toutes la conviction qu'elle était immédiatement entrée dans le séjour de la gloire, portée sur les ailes de son amour pour Dieu. Chacune lui demandait déjà, avec la plus entière confiance, des grâces particulières.

Quand M. le Supérieur arriva pour présider aux funérailles, il fut assiégé par les Sœurs qui demandaient à la réflexion, avec anxiété, s'il leur était permis d'invoquer la vénérable Fondatrice. Il les consola en leur répondant qu'il appartient à l'Eglise de prononcer sur le culte public, mais que l'invocation privée, loin d'être opposée aux principes, est ordinairement l'occasion de faits miraculeux qui déterminent le Saint-Siège a prononcer la canonisation.

La vénérée Supérieure était exposée, en costume religieux, selon la règle ; ses traits n'étaient nullement altérés. On put la contempler encore pendant toute la cérémonie.

Elle tenait dans sa main droite un Crucifix : une Sœur ancienne fit observer cette circonstance à M. Delamare, disant que, pour enlever ce Crucifix, il eût fallu forcer la main de la défunte, ce qu'elle n'avait osé faire. Gardez-vous-en bien, répondit-il; depuis plus de soixante ans, votre Mère ne s'est jamais endormie sur son lit de camp, sans tenir ce signe du salut fortement serré dans sa main, par amour pour la Croix. Elle regardait comme une grâce particulière de l'avoir toujours retrouvé dans la même main à son réveil. Elle répétait à chaque instant pendant sa longue vie :

Que la Croix dans ma main soit à ma dernière heure ;
Qu'à mon dernier soupir je l'embrasse et je meure !

Il est bien juste qu'elle la conserve dans le sommeil du tombeau.

Il était convenable que la digne Fondatrice fût inhumée dans sa chère église. On s'empressa de faire un petit caveau au milieu du chœur et au pied du sanctuaire ; le corps y fut solennellement déposé, après l'Office, en présence des Religieuses éplorées et d'un Clergé nombreux, qui partageait, sur la sainteté de la regrettée Mère, la conviction de ses bien-aimées filles. Son tombeau fut à l'instant couvert de lauriers et de fleurs : la toiture du chœur n'était pas encore faite. A partir de ce moment, il est difficile de trouver, dans la journée, une heure où il n'y ait quelque Sœur prosternée auprès de la tombe, pour invoquer la vénérable Supérieure, ou pour méditer, plus utilement, sur ses héroïques vertus. Le récit des grâces de tout genre, obtenues par son intercession, serait beaucoup trop long : il suffira de citer deux ou trois faits des plus saillants.

Deux femmes, des environs de Saint-Sauveur, atteintes, depuis plusieurs années, de la goutte sciatique, vinrent, vers la fin de l'année 1851, demander la permission aux Sœurs Portières d'aller visiter le tombeau de la Sœur Marie-Madeleine. Elles y ont prié avec grande confiance. Dès le soir, elles ont repris leurs travaux de ménage ; ce qu'elles n'avaient pu faire depuis longtemps. L'une est venue une fois, l'autre deux, visiter le même tombeau, en action de grâces de la guérison obtenue.

Quelque temps auparavant, la Sœur Philomène, voyant que rien ne faisait disparaître deux excroissances de chair aux genoux, se souvint qu'elle avait été subitement guérie d'un mal beaucoup plus grave, par la prière de sa vénérée Supérieure: elle fit une neuvaine à son tombeau, et le dernier jour le mal disparut entièrement.

Voici un autre fait aussi surprenant qu'il est incontestable et notoire dans toute la Communauté. La chère Sœur Hortense était atteinte, depuis six mois, d'un mal de poitrine qui faisait chaque jour des progrès. Depuis trois mois, elle ne pouvait plus quitter l'Infirmerie, ni même se lever depuis quelques semaines. L'appétit était perdu: elle pouvait à peine prendre de la tisane; il fallait user des plus grandes précautions pour faire son lit en toute hâte, et encore elle avait des faiblesses. Les Sœurs allaient la voir pour la consoler dans cette longue maladie, qui était unanimement considérée comme une phthisie pulmonaire. Sa maigreur était extrême; les Sœurs, aussi bien que le médecin et le Chapelain, ne lui donnaient que peu de jours à vivre. Cette bonne

Religieuse, qui est de Tamerville, a une confiance particulière dans la vénérable Fondatrice; elle commence une neuvaine, en son
honneur, pour demander sa guérison, si
telle est la sainte volonté de Dieu. Elle désire porter à son cou, pendant la neuvaine,
la Croix pectorale de la très honorée Supérieure. Toute la Communauté s'unit d'intention, et une communion générale doit avoir
lieu à la Messe de clôture. Le huitième jour,
le docteur-médecin, homme fort éclairé, dit
en sortant aux Sœurs Portières : Elle va suc-
comber; je ne reviendrai la voir qu'autant
qu'on m'appellera. Mais voilà que, le lendemain matin, la malade demande tout à coup
à l'Infirmière à se lever pour se rendre elle-
même à la Messe de clôture de la neuvaine.
On croit que c'est un moment de délire; mais
elle insiste, se lève en effet, va à la chapelle
et y communie, au grand étonnement de
toute la Communauté. Elle fait son action
de grâces et se rend aussitôt au tombeau
de la vénérée Mère, pour la remercier du
miracle dont elle vient d'être l'objet. Impossible d'attribuer cette guérison à l'imagination de la Sœur. Quand les forces se sont détruites peu à peu, quelle qu'en soit la cause,

elles ne peuvent se relever instantanément sans l'action surnaturelle du Créateur. L'imagination peut encore moins remettre, en un clin d'œil, comme on dit, la chair sur les os. Or, non seulement l'excellente Sœur Hortense a repris, à l'instant même, la nourriture et toutes les habitudes de la maison, lever, prières, offices, et les travaux de l'obédience la plus pénible, le soin de la nombreuse basse-cour, en particulier celui de la vacherie, absolument comme six mois auparavant, mais encore nous avons tous vu, le jour même, le lendemain comme depuis, sa face redevenue pleine, aussi bien que ses forces premières rétablies. Interrogez-la elle-même : elle vous racontera, avec l'ingénuité de l'aveugle guéri de l'Evangile, ce qui s'est passé en sa faveur.

Le 14 janvier 1851, lendemain de cette sorte de résurrection, M. le Chapelain vit à Saint-Sauveur, chez M. Mauger, ancien notaire, M. le Docteur qui lui dit : La grande Sœur Hortense doit être morte. Morte ! répondit M. l'Abbé ; hier elle a communié à notre Chapelle et a repris aussitôt ses obédiences que vous connaissez ; jamais elle ne s'est mieux portée qu'aujourd'hui. — Impossible, dit le médecin, ou bien il est arrivé un grand miracle : il faut que je voie cela. Il l'a vu et cru, et il a constaté que cette Sœur avait recouvré la bonne santé dont elle jouissait auparavant (1).

Ces faits ne sont pas beaucoup plus surprenants que l'accomplissement des prédictions de notre vénérable Supérieure. Elle nous affirmait, comme nous l'avons dit, avec l'accent de l'inspiration, que son église abbatiale, alors en ruine, serait sous peu entièrement rétablie ; qu'il ne fallait pas cesser d'y travailler ; que l'argent ne manquerait jamais pour cette œuvre. Les temps ont été difficiles, et tout ce qui eût semblé devoir faire obstacle dans les circonstances publiques et particulières a toujours providentiellement tourné au profit de sa chère église.

Cette bonne Mère affirmait encore que ses

(1) Depuis 1851, un grand nombre de guérisons ont été obtenues par l'intercession de la Mère Marie-Madeleine, et son tombeau est souvent témoin des faveurs les plus signalées.

bien-aimées Filles allaient se propager avec
une rapidité dont nous serions étonnés ;
qu'elles seraient même appelées en pays
étranger. Or, en 1852, le nombre des Sœurs
et des Novices atteint bientôt le chiffre de
quatre cents. Elles rendent d'importants
services dans la capitale et dans sept autres
départements (1). Des circonstances, qui dans
leur enchaînement forment un tout merveilleux que nous regrettons de ne pouvoir ex-
poser ici les appellent à exercer aussi leur
zèle en Prusse. Le Roi et les Princesses de
la cour, quoique faisant profession de pro-
testantisme, agréent nos Sœurs, et ont déjà
donné spontanément le prix d'une des ver-
rières de notre antique église abbatiale.
Dites à la très honorée Sœur Placide, Supérieure Générale, si capable de succéder à la
Sœur Marie-Madeleine, dont elle a tout
l'esprit, et au zèle éclairé de laquelle on
doit tant, que ces derniers succès lui appar-
tiennent ; elle vous répondra : J'attribue
tout à la mission et à la protection visible

(1) Actuellement, la Communauté se compose de mille
Religieuses, réparties dans cent cinquante maisons et dans
dix-sept départements, la Hollande et l'Allemagne.

de notre vénérable Mère qui est certainement dans le Ciel.

Sachant que M. l'abbé d'Aurevilly, si digne de notre estime et de notre affection toute particulière, avait eu pendant plusieurs années des rapports intimes avec la très honorée Fondatrice; sachant aussi que son large cœur, si pieusement ardent, avait apprécié le trésor que possédait sa ville natale, Saint-Sauveur, nous l'avons prié de nous rendre compte, dans une lettre, de l'idée qu'il s'était formée de notre vénérée Mère. Nous allons, en finissant, reproduire le tableau si vrai et si intéressant qu'il a bien voulu nous en faire.

LETTRE

DE

M. L'ABBÉ D'AUREVILLY

Missionnaire Diocésain,

SUR NOTRE VÉNÉRABLE SUPÉRIEURE.

MONSIEUR LE SUPÉRIEUR,

Je commence par prier très humblement Notre-Seigneur de me donner lumière et grâce pour vous parler, selon vos désirs et d'une manière utile, de sa servante bien-aimée.

Je n'ai connu Madame la Supérieure des Filles de la Miséricorde de Saint-Sauveur-le-Vicomte que fort âgée et dans la dernière période de sa longue et laborieuse vie. Elle

avait près de 80 ans quand je fis sa connaissance. Je puis dire que les deux caractères
que j'ai remarqués dans la piété extraordinaire de cette bonne Mère sont première-
ment une foi pénétrante, et deuxièmement
un amour pour Dieu, je puis l'écrire sans
crainte, ardent comme la flamme.

J'ai dit d'abord une foi qui pénétrait toute
chose par la puissance du regard. Notre
bonne Mère avait bien ces yeux *illuminés du
cœur* dont parle saint Paul pour savoir
quelle est l'espérance de la vocation divine
dans les Saints ; à la voir prier, à l'entendre
parler des choses divines, à lui voir joindre
seulement les mains, quand on disait quelque chose du bonheur du Ciel, on pouvait
hardiment appliquer à cette âme éclairée ce
que l'Apôtre dit de Moyse : *Il demeura ferme,
comme s'il eût vu le Dieu invisible ;* tant ses
expressions et sa physionomie étaient ardentes ; tant sa personne tout entière apparaissait comme environnée de l'auréole de
la lumière qui brillait sans nuage dans sa
belle conscience !... Elle était vraiment de
ceux qui *s'approchent de Dieu avec un cœur
vrai et dans la plénitude de la foi.* Pour

juger de la grandeur de la sienne, il fallait la voir assister au très saint sacrifice de la Messe. Aux Messes basses qui n'étaient pas de règle, et par conséquent libre de ses démarches, elle demeurait toujours à genoux pendant tout le temps du saint Sacrifice. Je l'ai vue de mes yeux assister ainsi, malgré son grand âge et ses infirmités, à trois ou quatre Messes qui se célébraient dans la chapelle de sa Communauté; et la profondeur de son recueillement, et son attitude respectueuse, mais d'une simplicité admirable, montraient assez que, pour cette âme fidèle, les voiles qui nous cachent la beauté divine au très Saint Sacrement étaient sinon soulevés, du moins largement entr'ouverts.

Mais si la célébration des divins Mystères la soulevait, pour ainsi parler, de la terre à laquelle elle échappait par la prodigieuse élévation de son âme occupée à contempler les choses ineffables qui ne tombent pas sous les sens, combien son recueillement était-il plus intime encore, quand elle était unie réellement à l'adorable victime du salut! Combien toute sa personne était-elle

inspirante, après la communion, à cet instant délicieux où l'âme sainte et le céleste
époux se disent l'un à l'autre, dans un em-
brassement suprême : *Tout est consommé !*
Il m'a été impossible aujourd'hui d'écarter
le souvenir de notre bonne Mère, en lisant
dans la légende de sainte Jeanne de Valois
cet éloge, qui convient si bien à celle qui est
l'objet de ma lettre, qu'elle s'approchait du
Sacrement de l'amour de son Dieu avec une
piété si fervente, qu'elle excitait une dévotion
en rapport avec la sienne, dans les cœurs
de tous ceux qui étaient les témoins de son
bonheur.

C'était toujours le même indicible senti-
ment de foi qui rendait si électrisante pour
son cœur la pensée de l'éternité : une âme
d'oraison, une âme morte au monde, se
familiarise sans peine avec ce qui ne se voit
pas ; *elle croit voir,* ou plutôt, déjà elle voit
*les biens du Seigneur dans la terre des vi-
vants. Aimer, c'est voir,* a dit avec bonheur
Richard de Saint-Victor ; il n'est donc pas
surprenant que l'âme de notre bonne Mère
fût d'une si merveilleuse clairvoyance. Ceux-
là le savent, qui ont eu l'avantage inappré-

ciable de converser avec elle et de lui entendre répéter, ou plutôt acclamer d'une manière qui n'appartient qu'aux Saints, le grand mot et la grande chose de l'éternité. O éternité ! ô éternité ! disait-elle ; si les hommes te connaissaient !... Ils savent aussi par expérience que la parole divine est un glaive qui pénètre jusqu'aux endroits les plus reculés de l'âme pour lui faire de salutaires blessures. L'éclair brûlant de son enthousiasme se communiquait à l'âme la plus froide, avec la rapidité de la lumière. Pour moi, dussé-je vivre cent ans, je ne saurais oublier ses transports, qui me semblaient l'essai vigoureux des ailes de l'aigle qui veut s'élancer jusque dans le sein du soleil, ou, pour dire quelque chose de plus en rapport avec mon sujet, la traduction, par le geste, le feu du visage, le coup d'œil, le ton inspiré de sa voix et surtout le cri du cœur, de ce beau verset des Psaumes : Qui me donnera des ailes comme à la colombe, et je volerai et je me reposerai ?

C'était, vous le savez, Monsieur le Supérieur, cette foi si nette, si précise et en même temps si absorbante, qui la rendait réellement morte à toutes les choses d'ici-bas, de sorte qu'à moins d'une nécessité de devoir, elle ne daignait pas même abaisser sur elles un seul regard de son esprit. Que de fois je me suis trouvé avec elle en compagnie, et quand il y avait assez de personnes pour entretenir la conversation sur des matières qui n'avaient pas un rapport direct et immédiat avec Dieu, selon le conseil de sainte Thérèse, elle *laissait parler les plus pressées*, s'entretenant dans son cœur, mais sans affectation aucune, avec l'unique objet de son amour ! Elle était alors toute *retirée en Dieu*, et *sa conversation était réellement dans les cieux*. Mais veniez-vous à toucher quelque chose qui la rendît au rapide courant de ses pensées, elle sortait soudain de son silence par un trait de feu, une parole embrasée et embrasante tout à la fois, qui échappaient presque malgré elle à sa profonde humilité.

La foi donc, qui la mettait si clairement en contact avec la beauté et la bonté divines, renouvelait sans cesse en elle l'ardeur inexprimable de son amour, et c'est ce qui doit m'occuper dans la seconde partie de cette lettre.

Je ne puis me rappeler, sans émotion, le contraste attendrissant de ce vieux corps usé de travaux et d'austérités, et de cette âme si jeune, si pleine d'énergie, si vivante de la vie de Notre-Seigneur Jésus-Christ. En comparant cette âme indomptable dans ses élans vers son bien suprême, avec ce corps cassé qui la retenait prisonnière encore, il me semblait voir, quand cette sainte femme m'entretenait de l'amour de son Dieu, l'humble cénacle de Jérusalem, frémissant jusque dans ses fondements et près de s'écrouler au souffle impétueux de l'Esprit d'en haut. Personne ne sera surpris qu'une âme de cette trempe fît ses délices du *Manuel* attribué à saint Augustin; elle le goûtait comme un miel délicieux, et elle l'avait toujours sur un meuble près d'elle pour en lire quelque passage à ceux qu'elle honorait d'une amitié particulière, quand ils venaient la visiter.

Elle lisait, avec lenteur, la page qui la charmait, et avec ces inflexions qui sont plutôt celles de l'âme que de la voix, si intelligentes et si sûres; puis, selon le mouvement de l'esprit qui la possédait, elle don-

naît de son livre à son auditeur une glose
toujours appropriée à ses besoins et souvent d'une éloquence entraînante. Et qu'on
n'en soit pas surpris, puisque, d'après une
définition célèbre, l'éloquence est *le son que
rend une grande âme*.

Je crois devoir citer ici en entier le passage de saint Augustin qu'elle m'a lu et
commenté cent fois, et qui était la traduction
exacte de ses sentiments et l'écho fidèle de
tous ses désirs.

Je le copie dans le *Manuel* traduit par le
Père Cerisier, de la compagnie de Jésus, sans
rien changer à l'ancienneté du langage, et
je prends mon extrait dans le livre même de
notre bonne Mère, conservé, avec raison,
comme une précieuse relique. Voici ce passage :

(Sur le Ciel)... « O mon âme, soupire ar-
» demment, désire avec violence, afin d'ar-
» river à cette cité de laquelle on dit tant de
» choses glorieuses et où les Bienheureux
» tiennent leur cour. L'amour te donnera
» des aisles pour y voler. Rien n'est impos-

» sible à celui qui ayme, tout lui devient
» aisé. L'âme qui est eschauffée de ces
» saintes flammes monte souvent et court,
» avec beaucoup de liberté, par les rues de
» la céleste Jérusalem, visitant les Patriar-
» ches et les Prophètes, saluant les Apôtres,
» considérant les Confesseurs et les Mar-
» tyrs, et sans rien appréhender des fai-
» blesses du corps, se meslant aux troupes
» innocentes des Vierges. Le Ciel et la
» terre m'advertissent incessamment d'ai-
» mer mon Seigneur Jésus, et tout ce qui
» est dans leur enceinte me fait la même
» leçon. »

« Seigneur, votre parole est de flamme,
» s'écriait le saint Roi Prophète, et c'est
» pour cela qu'elle est si chère à votre ser-
» viteur! » Notre bonne Mère en pouvait
dire autant d'elle-même, sans pécher contre
la vérité. Ce passage que nous venons de
transcrire, en raison sans doute de l'esprit
qui le lui développait et lui en inculquait les
secrètes beautés, lui causait, nous en avons
été les témoins, une espèce de sainte
ivresse. N'en soyons pas étonnés, l'amour
parlait à l'amour, et lui seul, sans doute, a le

droit de se comprendre. Je l'affirme en terminant cette note si imparfaite sur notre digne Supérieure, elle n'était vraiment rien qu'amour celle qui répétait à satiété à ses Filles cette maxime de saint Bernard, qu'elle ne pouvait se lasser de redire, parce qu'elle ne pouvait se lasser de la savourer : « La mesure de l'amour de Dieu est de l'aimer sans mesure. »

Voilà, Monsieur le Supérieur, mon petit travail ; je désire qu'il vous plaise, car vous plaire, d'abord me serait très doux, et j'aurais ensuite, par cette connaissance, celle du bien qu'il peut faire pour les âmes que j'ai eues en vue et que j'aime tendrement en N. S. J. C.

Agréez, Monsieur le Supérieur, l'hommage de mon respect, et daignez vous souvenir de moi devant le bon Dieu.

D'AUREVILLY,
Missionnaire.

Saint-Sauveur-le-Vicomte, le 6 février 1852.

TABLE

—

FIN DE LA TABLE

COUTANCES. — IMPRIMERIE DE SALETTES, LIBRAIRE.